煤炭行业
社会责任指南

中国煤炭工业协会 编
责任云研究院

经济管理出版社
ECONOMY & MANAGEMENT PUBLISHING HOUSE

图书在版编目（CIP）数据

煤炭行业社会责任指南/中国煤炭工业协会，责任云研究院编 . —北京：经济管理出版社，2022.6

ISBN 978-7-5096-8453-5

Ⅰ.①煤… Ⅱ.①中… ②责… Ⅲ.①煤炭企业—企业责任—社会责任—中国—指南 Ⅳ.①F426.21-62

中国版本图书馆 CIP 数据核字（2022）第 087371 号

组稿编辑：陈 力
责任编辑：高 娅 王玉林
责任印制：黄章平
责任校对：张晓燕

出版发行：经济管理出版社
　　　　　（北京市海淀区北蜂窝 8 号中雅大厦 A 座 11 层 100038）
网 　　址：www. E-mp. com. cn
电 　　话：(010) 51915602
印 　　刷：唐山昊达印刷有限公司
经 　　销：新华书店
开 　　本：720mm×1000mm/16
印 　　张：15.5
字 　　数：173 千字
版 　　次：2022 年 6 月第 1 版 2022 年 6 月第 1 次印刷
书 　　号：ISBN 978-7-5096-8453-5
定 　　价：68.00 元

编　委　会

序　言

　　煤炭是我国能源安全的"压舱石"，是能源绿色低碳转型发展的重要支撑。作为关系国家能源安全和国民经济命脉的基础性行业，煤炭行业历来十分重视社会责任建设，不仅肩负着促进国民经济健康发展、实现国有资产保值增值的经济责任，还肩负着推动能源绿色低碳转型、实现"双碳"目标的环境责任，更肩负着支撑国家能源安全稳定、促进社会和谐发展的政治责任。

　　多年来，中国煤炭工业协会致力于做好煤炭行业社会责任建设工作。自 2012 年以来，协会已连续十年组织召开全国煤炭行业企业社会责任报告发布活动，多次发布煤炭行业社会责任报告和煤炭类上市公司社会责任报告，这不仅成为煤炭行业社会责任建设的一个交流平台，更是增强煤炭企业影响力、提高行业社会责任意识的重要举措；这不仅充分展示了煤炭人履行生产经营的主体责任，更全方位彰显了煤炭人承担政治、经济、环境、安全等诸多社会责任的使命担当。十年来，以国家能源集团、中煤集团、陕煤集团、晋能控股集团、开滦集团、神东集团、兖矿能源、伊泰集团等为代表的 208 家（次）行业企业社会责任通过协会平台进行了集中发布，基本涵盖了煤炭生产、建设、制造、地勘、科研等不同规模、不同类型、不同所有制的行业典型企业。

多年来，在习近平新时代中国特色社会主义思想的指引下，这些企业坚持贯彻落实党和政府关于煤炭行业的一系列决策部署，以强烈的社会责任感和使命感，坚定不移地推动高质量发展，为履行社会责任做出了重要贡献，是煤炭企业履行社会责任的典范。他们长年累月从地下深处开采"光和热"，奉献全社会，点亮全中国，这是几百万煤炭人承担的最光荣的社会责任；在能源保供和疫情防控等特殊时刻，他们坚持保供稳价"硬核"推进，一列列运煤专列驰而不息，一份份"暖心煤"温暖百姓心窝；他们坚持安全发展，将安全生产主体责任永担在肩，将安全发展红线意识铭刻于心，不断确保全行业安全生产，屡创历史最好水平；他们积极融入"双碳"行动，持续推进生态文明矿区建设，因地制宜推行绿色开采和减污降碳，促进了矿区资源开发、区域经济与生态环境协调发展；他们坚持"人民至上"，践行"社会主义是干出来的"伟大号召，秉承"发展依靠职工，成果职工共享"理念，不断铸就煤炭人"煤"好未来；他们坚持将新发展理念融入社会责任实践，精心培育先进社会责任文化，努力将抢险救灾、企地共建、社会捐赠、乡村振兴、海外支援等化为行动自觉，让企业影响力和行业美誉度持续提升；他们履约尽责，诚信经营，遵守社会公德和商业道德，注重公司治理，注重信用建设，企业发展因承担了更多的社会责任而行稳致远。

为更好地引导广大煤炭企业履行好社会责任，全面提升煤炭企业社会责任建设标准化、规范化、现代化水平，中国煤炭工业协会组织有关单位编制了这本《煤炭行业社会责任指南》（以下简称《指南》），目的在于为我国煤炭企业树立社会责任建设的标杆，引导煤炭企业科学、持续、系统地履行好社会责任，促进煤炭行业高质量发展。

《指南》从社会责任概述、社会责任实践、社会责任管理、社会责任报告编写等方面明确了我国煤炭企业履行社会责任的主要内涵与核心要求，涵盖了能源供应、安全生产、企业经营、环境责任、和谐矿区等社会责任方面的重点议题。《指南》的编制，立足新发展阶段，贯彻新发展理念，落实能源安全新战略，以煤炭行业已有的社会责任理论和实践为现实依据，以提升煤炭企业的社会责任管理能力为目标，推动煤炭企业全面、合理地关注各利益相关方的利益和期望，适应新时期煤炭企业履行社会责任的新使命、新要求和新任务。

煤炭企业社会责任的建设不仅关乎自身发展，也关乎行业未来，更关乎社会的文明进步。煤炭企业多年的社会责任实践充分证明：只有真诚回报社会、切实履行社会责任的企业，才能真正得到社会认可，才是符合时代要求的一流企业。煤炭企业这本《指南》作为行业社会责任建设的工具书，将为行业内外广大企业和专家学者提供有益借鉴和参考，真诚希望广大读者提出批评建议，以便编者根据行业发展状况和企业实施情况适时进行修订。

编者

2022 年 3 月

目　录

第一章 煤炭行业社会责任概述

一、理解社会责任

（一）历史背景

21 世纪以来，特别是 2006 年以来的 10 多年间，政府部门、社会团体、研究机构、社会公众和新闻媒体等多方力量，从发展理念、政策导向、标准建设、理论研究、品牌保护等维度，不断构建和完善企业履行社会责任的内容与生态，为煤炭企业履行社会责任提供了方向指引和实践沃土。

1. 国际方面，社会责任发展主要集中在两个方面

（1）社会责任国际标准不断完善。近年来，国际社会责任思潮澎湃，标准衡量趋于规范。2010 年，国际标准化组织（ISO）正式发布"ISO 26000：2010 社会责任指南"，对社会责任进行了定义，明确了社会责任的原则与核心主题。2015 年，联合国继千年发展目标之后提出"2030 年可持续发展目标"（SDGs），呼吁全世界一同

为实现所有人更美好和更可持续的未来而努力。2016 年，全球报告倡议组织（GRI）发布更新版本的可持续发展报告架构，并于 2018 年全面取代 G4 指南，成为企业社会责任报告新的世界标准。当前，国际交流与合作不断深化，我国煤炭企业"走出去"必须遵循市场规律和国际通行规则，坚持互利共赢，兼顾各方利益和关切，寻求利益契合点和合作最大公约数，遵循并满足国际企业社会责任标准。

（2）社会责任国际合作日益紧密。2016 年，全国人大常委会批准中国加入《巴黎气候变化协定》，我国成为第 23 个完成批准协定的缔约方。2016 年，习近平总书记在中共中央政治局第三十一次集体学习中强调，我国企业"走出去"既要重视投资利益，更要赢得好名声、好口碑，遵守驻在国法律，承担更多社会责任。2018 年，习近平在中非合作论坛北京峰会开幕式上的主旨讲话中提出"支持成立中国企业在非企业社会责任联盟"。2020 年，《中共中央关于制定国民经济和社会发展第十四个五年规划和二〇三五年远景目标的建议》擘画了中国面向未来的宏伟蓝图，从建设更高水平开放型经济新体制、推动共建"一带一路"高质量发展、积极参与全球经济治理体系改革三个方面做出具体部署，为未来一段时期对外开放勾勒出了具体路线、指明了前进方向。

政策指引下，煤炭企业国际合作实践亦不断深入。2013 年以来，"一带一路"倡议的推进和实施，为我国煤炭工业全方位开展国际合作创造了前所未有的新机遇，2020 年我国煤炭产量超过全球煤炭总产量的 51%，进口的煤炭超过 3.04 亿吨，保持世界第一；此外，煤炭企业依托地质勘探、矿山建设、煤矿机械、技术装备、人才资源等方面的优势，深化务实合作，深入海外履责，共建人类命运共同体，在更高层次、更大规模、更广领域参与国际竞争。

2. 我国企业社会责任的发展步伐不断加快

（1）社会责任重要论述不断丰富。习近平总书记高度重视企业社会责任工作，尤其是"十三五"期间在许多重要场合发表了关于企业社会责任的重要论述，强调社会责任的重要性，要求企业积极承担社会责任。2016年，习近平总书记在看望全国政协民建、工商联委员时指出的"广大民营企业要积极投身光彩事业和公益慈善事业，致富思源，义利兼顾，自觉履行社会责任"引起强烈反响；同年4月，习近平总书记在网络安全和信息化工作座谈会发表重要讲话，明确强调"一个企业既有经济责任、法律责任，也有社会责任、道德责任。企业做得越大，社会责任、道德责任就越大，公众对企业这方面的要求也就越高"，并再次强调"只有富有爱心的财富才是真正有意义的财富，只有积极承担社会责任的企业才是最有竞争力和生命力的企业"。2018年，在全国网络安全和信息化工作会议上，习近平总书记再次强调"企业发展要坚持经济效益和社会效益相统一，更要承担起社会责任和道德责任"。2020年，习近平总书记召开企业家座谈会，发表重要讲话并指出，"企业既有经济责任、法律责任，也有社会责任、道德责任。任何企业存在于社会之中，都是社会的企业"。习近平总书记关于企业履行社会责任的重要论述，为新时代我国企业履行社会责任指明了方向、提供了根本遵循。

（2）社会责任顶层架构不断完善。党的十八大以来，党和国家高度重视企业社会责任工作，出台了一系列重要文件，为企业社会责任工作提供了有力指导和政策指引。2013年，党的十八届三中全会审议通过《中共中央关于全面深化改革若干重大问题的决定》，把"承担社会责任"明确为深化国有企业改革六大重点任务之一，第一次把企业社会责任写入党的文件。2014年，党的十八届四中全会审议通过《中共中央关于全面推进依法治国若干重大问题的决定》，指出要"加强企业社会责任立法"。此后，国务院国资委牵头会同国家工商总局、全国工商联、全国人大法工委、国务院法制办、环保部等部门，就加强企业社会责任立法问题进行了专题调研，通过召开座谈会、发放调查问卷、函询和走访等方式，广泛听取了有关政府部门、行业组织、学术机构、中央企业和社会团体关于加强企业社会责任立法的意见，取得了阶段性成果。2015年，党的十八届五中全会审议通过《中共中央关于制定国民经济和社会发展第十三个五年规划的建议》，提出了"创新、协调、绿色、开放、共享"的新发展理念，对破解发展难题、增强发展动力、厚植发展优势具有重大指导意义。2017年，党的十九大报告明确要求："打造共建共治共享的社会治理格局。"这为新时代社会治理机制创新和体系完善、为企业参与社会治理指明了方向。2020年，党的十九届五中全会明确了"十四五"时期经济社会发展指导思想，提出了必须遵循的重要原则，即坚持党的全面领导、坚持以人民为中心、坚持新发展理念、坚持深化改革开放、坚持系统观念。奋进新时代、开启新征程，只有切实遵循"五个坚持"的重要原则，才能实现经济发展取得新成效、改革开放迈出新步伐、社会文明程度得到新提高、生态文明建设实现新进步、民生福祉达到新水平、国家治理效能得到新提升的主要目标。

（3）社会责任标准化进程不断加快。2006年是中国企业社会责任元年，当年开始实行的《公司法》将"公司承担社会责任"写入法律条文中。2008 年，国务院国资委以 1 号文件形式发布《关于中央企业履行社会责任的指导意见》，推动实现企业与社会、环境全面协调可持续发展。2015 年，我国企业社会责任有了统一的国内标准，《社会责任指南》《社会责任报告编写指南》《社会责任绩效分类指引》三项社会责任国家标准的正式出台，为全社会各类社会责任组织，包括各类企业开展社会责任工作提供了规范性建议与指南。此后，企业社会责任标准化和刚性约束日益加强。2018 年中国证监会在新版《上市公司治理准则》中要求上市公司贯彻新发展理念，弘扬优秀企业家精神，积极履行社会责任；深圳证券交易所、上海证券交易所、香港联合交易所等也先后发布社会责任或 ESG 指引，推动上市企业积极履责。2021 年，第十三届全国人大常委会第三十二次会议审议的《中华人民共和国公司法（修订草案）》指出，加强公司社会责任建设，增加规定：公司从事经营活动，应当在遵守法律法规规定义务的基础上，充分考虑公司职工、消费者等利益相关者的利益，以及生态环境保护等社会公共利益，承担社会责任；国家鼓励公司参与社会公益活动，公布社会责任报告……党中央、国务院对社会责任的重视程度不断增强，相关政策、法规、要求不断丰富和完善，企业社会责任成为国家战略、社会共识和新的商业规范，为企业履行社会责任提供了科学的政策指引和优渥的实践土壤。

（二）发展趋势

我国已经踏上全面建设社会主义现代化国家、向第二个百年奋斗目标进军的新征程。作为国民经济的重要能源支柱，煤炭行业牢记总书记"做好煤炭这篇大文章"的嘱托，全面贯彻落实党的十九大和十九届历次全会精神，积极落实能源安全新战略，深入推动能源革命，全力以赴保障能源安全，坚定不移推动绿色低碳发展，加快建设能源强国。煤炭行业仍要以煤炭安全、高效、智能化开采和清洁高效集约化利用为主攻方向，创新体制机制，聚焦科技创新，优化产业结构，加快转型升级，去产能、换动能、强供给，情系绿水青山、民生福祉。煤炭行业要在把握新发展阶段、贯彻新发展理念、融入新发展格局中实现责任实践新发展，取得责任建设新提升，勇创责任担当新作为。

1. 宏观层面，我国迈向发展新阶段，煤炭工业社会责任呈现新内涵

"十四五"是我国实现第一个百年目标，开始向第二个百年奋斗目标迈进的重要时期，仍然是我国发展的重要战略机遇期，我国经济具有巨大发展韧劲和潜力，具有继续保持中高速发展的基础，加快形成以国内大循环为主体、国内国际双循环相互促进的新发展格局，必将给我国经济发展提供新的动力。但也必须看到，世界百年未有之大变局叠加新冠肺炎疫情影响，中国发展也将面临更加严峻、复杂的外部环境，不确定、不稳定性依然存在。

与此同时，发展新目标对煤炭行业提出了新议题。2020年，我国政府承诺，力争2030年前实现碳达峰、2060年前实现碳中和，能源结构调整步伐加快，碳排放总量、强度"双控"政策措施将更加严格，煤炭在一次能源消费结构中的比重还将持续下降，煤炭总量增长空间将越来越小，倒逼煤炭行业必须转变长期以来依靠产量增加、规模扩张、价格上涨的发展方式，着力推动转型升级，提升发展质量。

综合分析，"十四五"时期，我国经济结构将进一步调整优化，能源技术革命将加速演进，非化石能源替代步伐将加快，生态环境约束将不断强化，碳达峰和碳中和战略实施对煤炭行业发展既有机遇，也有挑战。煤炭行业必须转变观念，树立新发展理念，准确把握新发展阶段的新特征、新要求，加快向生产智能化、管理信息化、产业分工专业化、煤炭利用洁净化转变，加快建设以绿色低碳为特征的现代化经济体系，促进煤炭工业高质量发展，为国民经济和经济社会发展提供坚实可靠的能源保障。

2. 中观层面，资本市场提出信息披露新要求，对煤炭行业 ESG 表现产生新期待

资本市场对责任披露强制化、标准化的新趋势，对企业履行社会责任提出了更直接的要求。ESG 将企业发展对环境社会的外部影响内部化，将公共利益引入企业价值体系，更加注重企业经济活动与环境社会建设的动态平衡和持续发展，是综合关注企业环境、社会、治理绩效的投资理念和企业评价标准。

2000 年以来，我国政府和相关机构陆续出台政策，引导企业进行社会责任信息披露：2008 年，上海证券交易所要求上市的"上证公司治理板块"样本公司、发行境外上市外资股的公司，以及金融类公司必须披露社会责任报告，也鼓励其他公司披露。2020 年，国内交易所针对 A 股上市公司 ESG 信息披露采取了重要措施，ESG 信息披露正在从"自愿披露"向"强制披露"过渡。同时，中央全面深化改革委员会审议通过《环境信息依法披露制度改革方案》，并于 2021 年 5 月由生态环境部印发。根据方案，2022 年发改委、人民银行和证监会要完成上市公司、发债企业信息披露有关文件格式修

订，2025 年基本形成环境信息强制性披露制度。

但是，与信息披露渐强趋势形成对比的是，当前的 ESG 投资策略对煤炭行业并不乐观。煤炭行业是典型的传统能源行业，具有下游用户重污染、高能耗、高排放等特点，煤炭开采等环节容易发生安全事故等负面事件。投资者常用的"负面筛选"等 ESG 投资策略对煤炭行业十分不利，部分全球大型资产管理机构在实际 ESG 投资中甚至将煤炭行业剔除。此外，由于发展时间较短，现阶段我国本土还没有统一且明确的 ESG 标准或披露制度，与发达国家的资本市场有一定差距，煤炭行业提升 ESG 表现任重道远。

3. 微观层面，煤炭协会凝聚履责新力量，煤炭企业责任发展凸显新态势

在新内涵、新议题、新要求下，作为全国性行业组织，中国煤炭工业协会始终坚持为企业、为行业、为政府、为社会服务的宗旨，充分发挥联系政府、服务企业的桥梁和纽带作用，致力于推进科技进步、加强行业自律、强化履责担当、反映企业诉求、促进行业高质量发展，得到了政府、企业、社会等利益相关方的认可、信赖和支持。自 2012 年起，中国煤炭工业协会每年组织开展煤炭行业企业社会责任成果发布工作，旨在搭建行业交流平台，提高行业履责意识与水平，提升企业履责管理与实践，推进企业诚信体系建设，完善社会责任信息披露制度，扩展企业综合价值创造能力，提升行业在全社会的影响力和美誉度，让全社会更多地了解煤炭、理解煤炭、尊重煤炭、关心煤炭。2021 年，中国煤炭工业协会发布《煤炭行业社会责任蓝皮书（2021）》，总结了煤炭行业社会责任工作的进展和现状，以理论和实际案例相结合的模式，全面展示了煤炭行业企

业社会责任的履行情况。

在行业协会推动下，煤炭行业责任贡献愈加突出：一是煤炭供给侧结构性改革取得显著成效，2021 年全国煤炭产量 41.3 亿吨，为国民经济和社会发展提供了稳定的能源供应；二是煤炭清洁低碳转型加快发展，截至 2020 年底，全国燃煤电厂完成超低排放和节能改造 9.5 亿千瓦；三是煤炭科技创新能力显著增强，"十三五"期间，全行业共获国家科学技术奖 22 项、中国专利奖金奖和银奖 5 项、煤炭工业科学技术奖特等奖 5 项；四是行业治理现代化水平显著提高，在政府有关部门的推动下，逐步建立了符合煤炭工业改革发展方向的产能置换、中长期合同制度和"基础价+浮动价"的定价机制、最高最低库存和政府行业企业共同抑制煤炭价格异常波动、行业诚信体系建设等一系列基础性制度；五是国际交流与合作不断深化，召开煤炭企业国际化研讨会，分享煤炭企业国际化发展经验和国际化经营策略，与世界煤炭协会联合发起倡议，重塑煤炭工业的声誉和未来。

同时，煤炭企业履责实践多维深入。在环境责任方面，大部分煤炭企业开始重视污染排放、废弃物管理等方面，践行绿色发展理念，在资源利用、环境保护等方面表现良好。在社会责任方面，煤炭企业普遍较好地履行相应的社会责任，注重安全生产、保障供应、服务民生等方面的工作。在公司治理方面，绝大多数的煤炭上市公司都披露了董事会、股东、工资福利等方面的相关信息。煤炭企业履责实践日益深化，履责能力不断提升。

（三）煤炭行业社会责任基本特征

企业社会责任具有文化特殊性、行业特殊性和企业特殊性，企业应该根据自身所处行业的不同、企业自身的规模和地区的特点，以及运营所在地文化的特殊性选择特定的社会责任议题。作为煤炭企业，行业的特殊性及市场结构所表现出来的企业规模特殊性决定了我国的煤炭企业在能源保供、气候变化、生态环境保护、员工职业健康及安全生产等方面表现出与其他行业企业不同的社会责任特征和要求，引申出煤炭行业特殊的社会责任特征和要求。

（1）优化布局与保障供应相结合。根据我国煤矿区开发历史，对 14 个大型煤炭基地功能合理定位、科学规划，推动煤炭资源开发与生态环境保护系统性规划，科学布局。统筹国内国际两个市场、两种资源，推动煤炭产供储销体系建设，提高全国煤炭安全稳定供应保障能力。

（2）深化改革与创新发展相结合。依靠科技进步，推进数字经济与煤炭经济的深度融合，为我国煤炭智能化生产、专业化服务、定制化营销、集群化建设、绿色低碳发展和煤炭经济高质量发展提供有力支撑。

（3）产业升级与老矿区转型相结合。着力推动产业升级，转变发展方式；以煤炭生产型向生产服务型转变为抓手，发展新产业、新业态、新材料、新产品，促进老矿区转型发展，构建煤炭行业专业化、社会化的"生产+服务"的新发展格局。

（4）产业集群化与区域经济发展相结合。紧密结合区域经济社会发展实际，创新产业发展模式，推动以煤炭资源开发为主体，煤电、煤化工、煤基新材料等上下游产业链集聚融合，提升产业链、供应链现代化水平，构建煤炭产业发展新格局，促进资源、经济、社会协调发展。

（5）绿色低碳开发与清洁高效利用相结合。推动绿色开采，增强矿区生态功能；加强节能降碳技术创新，深入推进循环经济发展。统筹煤与非煤能源，促进煤与新能源等可再生能源优势互补；推动清洁利用，拓展煤炭消费空间；统筹煤炭生产、加工与消费全过程。

（6）以人为本与矿区文化相结合。构建行业社会主义核心价值观体系，加强煤炭行业精神文明、物质文化、安全文化和制度文化建设。建设煤矿公益性文化事业和各类煤炭文化工程，增强员工的归属感和企业自豪感；构建以人为本的行为理念，形成独具特色的煤矿安全文化。

二、指导思想和基本原则

（一）指导思想

坚持以习近平新时代中国特色社会主义思想为指导，全面贯彻党的十九大和十九届历次全会精神，坚决扛起煤炭行业的政治责任、经济责任、环境责任和社会责任，统筹推进"五位一体"总体布局和协调推进"四个全面"战略布局，牢固树立新发展理念，全面落实能源安全新战略，深入推动能源革命，加快建设能源强国；推动煤炭产业技术升级、产品升级、质量升级、管理升级，促进煤炭上下游产业协同、煤炭与多能源品种协同发展；培育新模式、发展新业态、提升新动能，推进行业治理体系和治理能力现代化；培育一批具有全球竞争力的世界一流大型能源企业，推动矿区的生产生活环境持续改善，矿区职工的获得感、幸福感不断提高；建设现代化煤炭经济体系，推动煤炭行业由生产型向生产服务型转变，由传统能源向清洁能源的战略转型，实现煤炭工业高质量发展，为国民经济平稳较快发展提供安全稳定的能源保障。

（二）基本原则

《指南》所称社会责任是指中国煤炭企业在决策和经营活动中以透明和道德的行为方式，对政府、环境、社区、消费者、供应商、竞争者、股东、债权人、员工等利益相关方，以及为促进经济、社会和环境的可持续发展所应承担的责任。

中国煤炭企业履行社会责任应遵循如下基本原则：

（1）遵守法律法规。维护国家利益和社会公共利益，遵守所在国家或地区的法律法规及中国政府的有关规定，遵守国际通行的商业惯例。

（2）尊重利益相关方。重视与利益相关方的沟通，并将利益相关方的合理期望和要求纳入企业活动中。

（3）透明和道德经营。公开对社会、经济和环境等具有重大影响的决策和活动，并根据道德行为要求开展企业活动。

（4）持续改善绩效。履行社会责任要与企业自身发展阶段和实际情况紧密结合，根据不同责任层次（包括必尽的法律责任、应尽的道德责任和自愿承担的责任）要求，持续改进社会责任绩效。

第二章 煤炭行业社会责任实践

一、能源供应

能源是工业的"粮食",是国民经济的命脉。我国"富煤、贫油、少气"的资源禀赋特点决定了以煤为主的能源结构短期内难以根本改变,也决定了煤炭行业作为关系国家能源安全供应和国民经济命脉的基础性行业地位短期内难以根本改变。

(一)经济与民生保障

1. 经济增长

【指标解读】:报告期内企业营业收入、净利润及每股收益等与企业经营收入相关的其他指标。

2. 保障煤炭安全稳定供应

【指标解读】:企业严格落实国家保供要求,按照全年核定产能有序安排生产,多措并举做好能源保供稳价工作。

示例：

按照中省疫情防控总体要求，陕煤集团坚持一手抓疫情防控，一手抓复工复产，努力推动企业健康平稳发展。集团各生产单位采取封闭式管理、错时上班等措施，实现了集团 12 万员工"零"疑似、"零"感染的目标。在确保疫情防控安全的前提下，及时组织煤矿复工复产，截至 2020 年 2 月 21 日，集团 36 对矿井全部复工复产，开足马力保障煤电供应。

——《陕西煤业化工集团公司 2020 年企业社会责任报告》（P12）

（二）资源可持续开发

1. 煤矿采区回采率

【指标解读】：采区实际采出煤量与采区动用资源储量的百分比。其中：

采出煤量（矿井采区）是指采区内所有工作面采出煤量与掘进煤量之和。

采出煤量（露天矿采区）是指采区内实际采出的煤量。

采区回采率（K）＝采区采出煤量（百万吨）／采区动用资源储量（百万吨）×100%。

示例：

指标名称	2018 年	2019 年	2020 年
煤矿采区平均回采率（%）	75.5	82	83.73

——《陕西煤业股份有限公司 2020 社会责任报告》（P64）

2. 绿色矿山

【指标解读】：在矿产资源开发全过程中，实施科学有序开采，对矿区及周边生态环境扰动控制在可控范围内，建成环境生态化、开采方式科学化、资源利用高效化、管理信息数字化和矿区社区和谐化的矿山。

示例：

神东煤炭充分把握生态系统内在规律，推进综合治理，逐步形成生态环境治理体系和治理技术。实施燃煤锅炉烟尘达标治理，实现清洁取暖。创新井下综合降尘措施，实现"三废"综合防治。采前、采中、采后有针对性治理，做到了"采煤不见煤，采煤不见矸，污水不外排"，实现了经济效益好、资源消耗低、环境污染少的高质量发展目标。

——《国家能源集团 2020 年社会责任报告》（P53）

（三）产品质量与客户服务

1. 产品质量管理体系

【指标解读】：主要描述企业产品质量保障、质量改进等方面的政策与措施。

示例：

中国神华在煤炭生产、运输和销售的各环节进行严格的质量管控，建立完善的煤质信息网，利用数字化手段搭建煤质数据监控体系，全方位保证商品煤质量合格。

——《中国神华能源股份有限公司 2020 ESG 报告》（P40）

2. 客户隐私保护

【指标解读】：企业采取必要措施保护客户信息的安全，防止泄露和滥用。

示例：

销售集团设立商业秘密保护委员会，全面负责用户隐私保护保密工作。在日常工作中坚持"工作需要而接触、使用"和"核心商业秘密分段接触、专人掌握"的原则，对客户隐私信息按照"核心商业秘密"和"普通商业秘密"进行分类，并实行严格的分级管理。截至 2020 年 12 月 31 日，公司未发生隐私泄密事件。

——《中国神华能源股份有限公司 2020 ESG 报告》（P42）

二、安全生产

安全生产是企业安身立命之本。企业应加强煤矿安全质量标准化建设，强化煤矿基础工作，加强矿井"一通三防"管理，加快安全技术创新，推动煤矿机械化、自动化、信息化、智能化建设，持续开展安全生产教育与培训，提高企业安全生产水平。

（一）煤矿安全质量标准化建设

1. 安全生产管理体系

【指标解读】：主要描述企业建立安全生产组织体系、制定和实施安全生产制度、采取有效防护措施等以确保员工安全的制度和措施。

> **示例：**
>
> 陕西煤业不断完善安全管理体系，深化双重预防机制建设和NOSA安健环风险管理试点工作。强化安全监督，完善安全队伍建设，着力构建安全管理长效机制。
>
> ——《陕西煤业股份有限公司2020社会责任报告》（P28）

2. 安全应急管理机制

【指标解读】：主要描述企业在建立应急管理组织、规范应急处理流程、制定应急预案、开展应急演练等方面的制度和措施。

> **示例：**
>
> 集团公司不断夯实安全生产应急管理基础工作，坚持预防为主、预防与应急相结合的原则，形成了覆盖全集团全业务的应急组织体系和预案体系。同时，加强应急信息系统建设，完善远程监控报警和应急指挥功能，形成高效统一、反应迅速的应急管理平台。
>
> ——《国家能源集团2020年社会责任报告》（P47）

3. 隐患排查治理体系

【指标解读】：企业针对安全隐患制定的安全风险排查制度和措施，包括安全现状评估和报告制度等。

示例：

深化双重预防机制建设，逐级开展安全风险辨识，落实管控措施和责任，高风险作业全程盯防，重点部位挂牌督办。全面启动安全生产专项整治三年行动，层层制定实施方案，动态更新问题隐患和制度措施"两个清单"，煤化工企业全部建立了"安全风险等级矩阵图"；电力企业建立了作业风险清单标准化预控措施。

——《中煤能源 2020 年社会责任报告》（P19）

4. 安全生产投入

【指标解读】：主要包括在劳动保护投入、安全措施投入等方面的费用。

5. 原煤百万吨死亡率

【指标解读】：每生产 100 万吨煤炭死亡的人数比例。

6. 安全事故

【指标解读】：企业按规定及时、如实向上级报告安全生产事故数量并妥善处理。针对安全生产负面信息，企业可披露事故缘由、处置方案及改善措施。

（二）矿井安全管理

1. 矿井"一通三防"管理

【指标解读】：企业在"矿井通风，防瓦斯、火灾、粉尘"方面的管理制度、措施。

2. 矿井水安全排放制度、措施

【指标解读】：企业处理矿井水的制度和措施，包括净化处理、综合利用，确保排放的矿井水不会对环境造成危害。

3. 智慧矿山

【指标解读】：主要包括矿山智能化建设方面的举措。

> **示例：**
>
> 　　公司高效推进智慧矿山建设，积极推进云计算、大数据、5G等关键技术应用，升级安全生产自动化综合管理平台，推进矿井智能通风、灾害预警等平台建设，建成24个智能化采煤和24个智能化掘进工作面。鲍店煤矿成功投用国内首个通过国家防爆认证的矿用5G专网系统；东滩煤矿、鲍店煤矿、济三煤矿和赵楼煤矿率先建成智慧化调度综合管控平台，推动了煤炭生产模式向智能化转变。
>
> 　　——《兖州煤业股份有限公司2020年度社会责任报告》（P23）

（三）安全技术创新

1. 创新体系建设

【指标解读】：企业技术创新管理体系和激励机制。

示例：

为吸收总结推广先进的管理思想、管理方法和手段，激发广大员工管理创新热情，提升管理创新能力和水平，公司制定了管理创新活动管理办法。2020 年，公司深入推进精益化市场化"两化融合"、三减三提、大数据工程和智能化建设，激发了创新活力，提高了管理水平。

——《兖州煤业股份有限公司 2020 年度社会责任报告》（P23）

2. 科研或研发投入

【指标解读】：主要指报告期内企业在科技或研发方面投入的资金总额。

3. 科技成果转化

【指标解读】：企业将研究技术成果应用到生产实践中，促进产业升级转型，解决社会问题。

示例：

神东矿区属于世界整装优质大煤田，是我国重点规划建设的十三个大型煤炭基地之一，也是我国建成的首个亿吨、2 亿吨级煤炭生产基地。开发建设过程中，神东煤炭集团瞄准世界最先进水平，深入实施关键技术和核心技术研究，破解了高产与安全、采矿与环保"两个难题"，形成了高效、绿色、智能矿井核心技术。截至 2020 年 7 月 27 日，累计生产清洁煤炭突破 30 亿吨，创造中国企业新纪录百余项，企业主要技术经济指标达到国内第一、世界领先水平。

——《国家能源集团 2020 年社会责任报告》（P32）

4. 重大创新奖项

【指标解读】：主要指报告期内企业获得的关于产品和服务创新的重大奖项。

（四）安全生产教育与培训

1. 安全教育与培训

【指标解读】：以提高安全监管监察人员、生产经营单位从业人员和从事安全生产工作的相关人员的安全素质为目的的教育培训活动。

示例：

2020 年，集团公司安全培训投入 2.53 亿元，先后开展 2 期安全环保专题、4 期煤矿五职矿长研修班、化工产业专职安全负责人及注册安全工程师等培训班，总计培训 1263 人次。各子分公司积极开展安全培训教育工作，全年累计培训 438571 人次。

——《国家能源集团 2020 年社会责任报告》（P49）

2. 安全培训绩效

【指标解读】：主要包括安全培训人数、培训时长等数据。

三、企业经营

企业是社会的一员，肩负着对社会的重要责任。企业应在经营决策中综合考虑经济、社会和环境因素影响，并对其决策和活动所造成的影响承担责任。企业经营主要包括公司治理、守法合规、反腐败、公平竞争、促进产业链社会责任五个方面。

（一）公司治理

1. 治理结构与机制

【指标解读】：主要指企业为实现目标而制定和实施决策的系统，包括正式治理机制和非正式治理机制，前者以既定的结构和程序为依据，而后者的形成与企业的文化和价值观有关，并通常受到企业领导层的影响。

示例：

公司建立了由股东大会、党委会、董事会、监事会和经理层协调运作、规范有序的法人治理结构，形成了权力机构、决策机构、监督机构和执行机构之间权责分明、相互协调和相互制衡的治理机制。

——《兖州煤业股份有限公司 2020 年度社会责任报告》（P16）

2. 诚信经营

【指标解读】：主要描述企业对客户、供应商、经销商，以及其他商业伙伴诚信的理念、制度和措施。

（二）守法合规

1. 守法合规体系建设

【指标解读】：主要描述企业的法律合规体系，包括守法合规理念、组织体系建设、制度建设等。

2. 守法合规培训

【指标解读】：主要描述企业组织的守法合规培训活动，包括法律意识培训、行为合规培训、反腐败培训、反商业贿赂培训等。

示例：

我们有的放矢开展普法工作，营造了"知法、守法、懂法、用法"的良好氛围。抓牢法治合规文化建设，开展12·4宪法宣传日系列活动、"学案例，促管理"巡回法治讲堂等；强化法治工作督导与考核，引导、督促法治工作机制的落实落地。2020年，我们出色完成国资委法治央企建设和"七五"普法总结验收，法治建设再上新台阶。

——《国家能源集团2020年社会责任报告》（P30）

（三）反腐败

1. 反贪污、反贿赂

【指标解读】：主要描述企业在禁止商业腐败并对腐败行为进行惩治的制度和措施等。

2. 廉洁教育

【指标解读】：主要指通过廉洁方面的教育，来营造廉洁奉公、诚信守法的社会氛围，以达到规范和约束行为的目的。

示例：

陕西煤业学习贯彻落实习近平新时代中国特色社会主义思想，深入开展标准化党支部建设，从严规范党的组织生活，深入开展"庆祝'政治生日'，不忘入党初心"系列主题党日活动，进一步提高党员觉悟，着力构建风清气正政治新生态，不断推动党风廉政建设和反腐败向纵深发展，为公司规范运作和健康发展保驾护航。

——《陕西煤业股份有限公司 2020 社会责任报告》（P25）

3. 举报人保护

【指标解读】：针对腐败惩治，有举报渠道和保护举报人的制度或措施。

示例：

公司设置完善透明的投诉举报管理流程及处理措施，设置并公布举报电话和邮箱，在法定节假日等重要时间节点重申各类举报方式，畅通党员群众反映情况、开展监督的渠道，加强对问题线索的集中管理、分类处置、定期清理。

——《中国神华能源股份有限公司 2020 ESG 报告》（P24）

（四）公平竞争

1. 维护行业发展秩序

【指标解读】：遵守行业自律规则，坚持诚信经营、公开竞争，杜绝不正当竞争和垄断行为。

示例：

中国神华恪守商业道德，严格遵守《中华人民共和国反垄断法》《中华人民共和国反不正当竞争法》等法律法规，严格遵守商业行为准则，坚持诚信经营、公平竞争，坚决反垄断及不正当竞争，反对任何形式的商业贿赂，并要求合作伙伴遵守公司反商业贿赂和反腐败有关政策规定。在采购、销售等重点环节，公司积极开展廉洁从业风险排查，对关键岗位做出重点提示，引导员工自觉抵制商业贿赂行为，并及时反映和举报相关情况。

——《中国神华能源股份有限公司 2020 ESG 报告》（P24）

2. 尊重和保护产权

【指标解读】：主要描述企业执行国家关于知识产权保护的法律、法规和相关政策，有尊重他人知识产权和专有技术的政策或制度，不参与侵犯知识产权的活动，为企业获得或使用的知识产权支付合理的补偿。

（五）促进产业链社会责任

1. 供应商选择与评价

【指标解读】：在供应商的选择过程中，按照行为守则和相关要求对供应商进行选择，并对供应商进行社会责任评估和调查。

示例：

中国神华通过统一的信息系统定期开展供应商绩效考核，对于表现优异的供应商给予表彰，对于供应商出现的失信行为给予相应处罚。

——《中国神华能源股份有限公司 2020 ESG 报告》（P28）

2. 供应商沟通

【指标解读】：企业与供应商之间有关社会责任议题的沟通机制（如供应商交流、供应商培训、供应商大会等）。

示例：

为促进供应商环境与社会风险管理水平的提升，公司在合同中明确履责条款，与供应商签署《安全生产与环境保护承诺书》，从安全生产、职业健康、环保减排等多个方面对供应商加以明确要求。为进一步规范商业道德行为，公司向全体供应商发送《致全体供应商的一封公开信》，要求供应商正式签署回函，遵循公司的商业道德要求。对于违反相关制度和要求的供应商，公司会将其纳入"黑名单"。

——《兖州煤业股份有限公司 2020 年度社会责任报告》（P28）

3. 供应商可持续发展

【指标解读】：企业将社会责任融入关于自身购买、分销和合同的具体政策和实践中，提升产业链伙伴对社会责任的认知，并向其提供额外帮助（例如，技术、能力建设或其他资源），以实现其对社会负责任的目标。

示例：

陕西煤业制定《供应商管理办法》《集中采购物资供应商评审细则》《物资集中采购管理办法》《绿色采购制度》等制度，建立健全供应商动态考评及退出机制，积极带动产业伙伴共同践行反腐败、诚信、环保、安全、公平等责任理念。同时，陕西煤业设立供应链子公司，整合煤炭产业链上下游资源，与供应链伙伴携手，共同应对来自经济、环境、社会可持续发展的创新挑战，共创和谐共赢、具有持续竞争力的责任供应链。

——《陕西煤业股份有限公司 2020 社会责任报告》（P53）

四、环境责任

环境是人类生存和繁荣的先决条件，是企业社会责任的重要方面。企业应避免或减少对环境的负面影响，坚持污染预防与治理、资源可持续利用、生态环境保护与生物多样性治理，积极应对气候变化。

（一）污染预防与治理

1. 环境管理机制

【指标解读】：企业制定环境管理制度或设立环境管理部门，明确环境管理的职责。

2. 减少废气排放制度、措施

【指标解读】：一般情况下，企业生产排放的废气主要包括二氧化硫（SO_2）、氮氧化物（NO_x）、可吸入颗粒物（PM10）、大气细颗粒物（PM2.5）等。废气排放会造成环境污染，企业在社会责任报告中应展示减少废气排放的政策、措施或技术，向利益相关者传递更多的企业社会责任信息。

示例：

公司贯彻落实国务院《大气污染防治行动计划》，持续开展燃煤电厂、化工锅炉超低排放改造，积极实施燃煤小锅炉淘汰升级和清洁能源替代，公用燃煤电厂全部实现超低排放，京津冀及周边地区、汾渭平原所属企业完成 35 蒸吨以下燃煤小锅炉"清零"任务。

——《中煤能源 2020 年社会责任报告》（P21）

3. 废气排放量及减排量

【指标解读】：主要指报告期内企业的废气排放量及减排量。

示例：

全年颗粒物、二氧化硫（SO_2）、氮氧化物（NO_x）、化学需氧量（COD）、氨氮排放量比监管考核指标少排放 83.8%、82.3%、71.8%、77.6%、92.2%，危险废弃物 100% 合规处置，主要固体废弃物煤矸石 100% 综合利用。公司全年未出现重大环境污染事故和环保问题，未因重大环境保护违法行为受到环保监管部门处罚。

——《兖州煤业股份有限公司 2020 年度社会责任报告》（P40）

4. 减少废水排放制度、措施

【指标解读】：主要指报告期内企业减少产生的生活污水及生产废水排放的制度、措施。

示例：

陕西煤业积极探索资源循环利用的方式，通过加强废水复用，延伸"废水处理—复用灌溉、灭尘和水洗"等链条，新增煤泥脱粉车间等方式，提升资源利用效率，在提升经济效益的同时提升环境效益与社会效益。

——《陕西煤业股份有限公司 2020 社会责任报告》（P39）

5. 废水排放量及减排量

【指标解读】：主要指报告期内企业的废水排放量及减排量。

示例：

指标名称	2018 年	2019 年	2020 年
污废水产生量（百万吨）	170.85	154.48	168.74
污废水利用量（百万吨）	135.70	128.52	126.27
污废水利用率（%）	79.43	83.20	74.84

——《中国神华能源股份有限公司 2020 ESG 报告》（P95）

6. 减少废弃物排放制度、措施

【指标解读】：报告期内企业减少固体废弃物排放的制度或措施。

示例：

构建"资源—产品—废弃物—再生资源"发展模式，研发"多类型固体废弃物在水泥工艺中的协同处理""节能减排设备综合治理"等创新项目6项，获得国家专利3项，构建固废利用循环经济产业的发展新链条。

——《陕西煤业化工集团公司 2020 年企业社会责任报告》（P39）

7. 废弃物排放量及减排量

【指标解读】：主要指报告期内企业产生和处置的废弃物量。

（二）资源可持续利用

1. 节约能源政策、措施

【指标解读】：从能源生产到消费的各个环节，为降低消耗、减少损失和污染物排放、制止浪费，有效、合理地利用能源制定的政策和措施。

2. 全年能源消耗总量及减少量

【指标解读】：报告期内企业生产和运营所直接消耗的各种能源和减少的能源用量折合出的标准煤数量。一般情况下，纳入统计核算的常规能源产品（实物量）分为五大类，即煤、油、气、电、其他燃料。

示例：

指标名称	2018 年	2019 年	2020 年
综合能源（万吨标准煤）	795.18	892.91	1103.70
消耗总量（百万千瓦时）	64735.73	72692.13	89851.94

——《兖州煤业股份有限公司 2020 年度社会责任报告》（P66）

3. 单位产值综合能耗

【指标解读】：报告期内企业综合能耗与报告期内净产值之比，通常以万元产值综合能耗或万元增加值综合能耗为单位进行计量。

4. 节约水资源政策、措施

【指标解读】：在加强节水技术改造、推进工业废水回用、提高水资源重复利用率等方面的相关政策和措施。

5. 总耗水量及万元产值耗水量

【指标解读】：总耗水量＝新鲜水合计＋再生水合计＋其他水合计；万元产值耗水量＝工业企业总耗水量/工业总产值（万元）。

6. 新鲜水用量

【指标解读】：工业用新鲜水量指报告期内企业厂区内用于生产和生活的新鲜水量（生活用水单独计量，且生活污水不与工业废水混排的除外），它等于企业从城市自来水取用的水量和企业自备水用量之和。

示例：

指标名称	2019 年	2020 年
新鲜水用量（百万吨）	132.3	130.89

——《中国神华能源股份有限公司 2020 ESG 报告》（P76）

7. 矿井水循环利用的制度、措施

【指标解读】：企业为节约水资源，循环利用矿井水的制度和措施，包括净化矿井水重复利用等。

示例：

2020 年，神东煤炭布尔台沉陷区矿井水与生态协调治理研究与示范项目通过创新采煤沉陷区生态综合防治模式与技术，集成了矿井水利用与生态治理协同技术，开创了沉陷区自流灌溉技术以及冬季灌溉技术，完善了"一湖二田三林四草"结构布局，填补了采煤沉陷区生态综合防治空白。

——《中国神华能源股份有限公司 2020 ESG 报告》（P78）

8. 矿井水利用率

【指标解读】：矿井水利用率=年矿井水利用总量/年矿井水产生总量。

9. 瓦斯抽采利用率

【指标解读】：瓦斯抽采利用率=矿井瓦斯抽采利用量/矿井瓦斯抽采量。

10. 废渣综合利用率

【指标解读】：废渣的大量堆存不仅占用土地，也可能会污染地下水，给周围环境带来环保隐患。企业应积极开展废渣研究，推进废渣的无害化处理，尽量实现废渣综合再利用。

（三）应对气候变化

1. 气候风险识别与应对

【指标解读】：企业可根据气候相关财务信息披露工作组（TCFD）的建议，对自身进行气候风险与机遇评估，并制定相关应对策略。

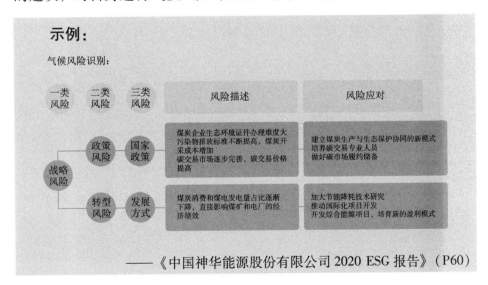

——《中国神华能源股份有限公司 2020 ESG 报告》（P60）

2. 温室气体管理

【指标解读】：企业对自身活动产生的主要温室气体排放的识别、量化、报告和核查情况。

> **示例：**
>
> 中国神华依照《中华人民共和国节约能源法》《中国应对气候变化国家方案》《"十三五"控制温室气体排放工作方案》等法律或制度规定，制定了《"攻坚2020，展望2025"节能降耗高品质行动计划》《节能环保目标责任制》，开展温室气体减排及目标设定工作。
>
> ——《中国神华能源股份有限公司2020 ESG报告》（P61）

3. 响应国家"双碳"目标

【指标解读】：企业积极响应国家"碳中和""碳达峰"目标，并根据企业实际情况制定相应的减碳目标。

> **示例：**
>
> 我们始终坚持"绿水青山就是金山银山"的理念，积极启动碳达峰碳中和战略研究，全力推进绿色低碳转型升级，争做化石能源清洁化、清洁能源规模化、能源布局集约化、产业经营国际化发展的主力军和引领者。公司千万吨矿井增加到25处，常规煤电机组100%实现超低排放，清洁可再生能源装机占比提高到25.8%，新

能源"两个500万+"行动首战告捷，风电装机保持世界第一，新增12家矿山入选全国绿色矿山名录，提前一年完成国资委第六任期节能环保考核任务。

——《国家能源集团2020年社会责任报告》（P7）

4. 温室气体减排措施

【指标解读】：企业在其控制范围内逐步减少温室气体排放的措施（如淘汰落后的高排放设备，支持排放削减计划，进行碳捕获与储存、碳封存、碳汇，绿色办公等）。

5. 温室气体排放量/减排量/强度

【指标解读】：关于温室气体的核算，可参考 ISO 14064 温室气体排放核算、验证标准，也可参考国家相关机构发布的核算指南。碳强度=单位产值的二氧化碳排放量。

示例：

指标名称	2018 年	2019 年	2020 年
二氧化碳排放总量（吨）	25066	15741	13490
二氧化碳排放强度（吨）	13.67	11.10	9.35

——《中国神华能源股份有限公司2020 ESG报告》（P94）

（四）生态环境保护与生物多样性治理

1. 环保培训和宣教

【指标解读】：企业对员工（或利益相关方）开展的关于环境保

护方面的培训或宣传工作。

> **示例：**
>
> 召开环保管理培训会，认真学习新《固废法》《排污许可证管理办法》等政策法规，邀请知名专家对相关法律法规和典型案例进行深度解读，使新理念、新部署、新要求深入人心。
>
> ——《陕西煤业化工集团公司 2020 年企业社会责任报告》（P43）

2. 环保总投资

【指标解读】：年度投入环境保护的资金总额。

3. 塌陷区预防与治理的制度、措施

【指标解读】：企业在坍塌区预防与治理方面所做的工作。

> **示例：**
>
> 公司通过向地方政府缴纳复垦（平整）费委托治理塌陷地的方式，履行采煤塌陷地治理义务，已累计委托治理 17.97 万亩。公司都市区绿心项目"渔樵耕读"启动区被授予"全国首个厚煤层采煤塌陷地土地治理+产业导入示范工程"，被认定为山东省生态矿山建设工程研究中心。
>
> ——《兖州煤业股份有限公司 2020 年度社会责任报告》（P47）

4. 土地复垦制度

【指标解读】：企业在土地复垦方面的相关制度。

示例：

此外，我们继续实行矿区土地复垦、沉陷区综合治理和厂区绿化等工程，通过植树种草、水土保持等增加绿化面积和植被覆盖率，以增加碳汇。截至 2020 年末，中国神华共计有 15 个煤矿被评为国家级绿色矿山，5 个煤矿被评为省/区级绿色矿山。

——《中国神华能源股份有限公司 2020 ESG 报告》（P65）

5. 保护生物多样性制度、措施

【指标解读】：根据《生物多样性公约》，"生物多样性"是指所有来源的活的生物体中的多样性。其中，来源指陆地、海洋和其他水生生态系统及其所构成的生态综合体；多样性指物种内、物种间和生态系统的多样性。

示例：

国家能源集团大雁公司坚守发展和生态两条底线，强力推进扎尼河露天矿矿区及周边地区生态环境恢复治理，还草原碧波蓝天，促企业健康发展。累计投入 3.26 亿元，绿化种草面积 33.3 万平方米，植树造林 6 万余株，栽植红瑞木、丁香等景观植物 424 延长米，治理地表零星沙化区域面积 4600 平方米，区域外治沙绿化20000 余平方米。

——《国家能源集团 2020 年社会责任报告》（P57）

五、和谐矿区

和谐矿区的目标是基本实现矿区经济社会协调发展，矿区群众生活质量提高，行业文化得到较大发展。和谐矿区主要包括社区参与、社区发展、社区公益三个方面。

（一）社区参与

1. 志愿服务的政策、措施

【指标解读】：志愿服务是指不以获得报酬为目的，自愿奉献时间和智力、体力、技能等，帮助他人、服务社会的公益行为。

> **示例：**
>
> 2018 年神东煤炭成立了布尔台煤矿"初心志愿者服务队"并运行至今。目前服务队已有 87 名志愿者加入，平均年龄 29 岁，是一支朝气蓬勃、发展潜力十足的志愿队伍。2020 年，服务队先后开展"抗疫当头兵　服务我先行""改善环境　共享健康"等志愿服务 37 次，累计服务员工及周边群众 17000 余人次，用实际行动诠释了"奉献、友爱、互助、进步"的志愿精神。
>
> ——《中国神华能源股份有限公司 2020 ESG 报告》（P90）

2. 志愿者活动绩效

【指标解读】：主要指参与志愿者活动的时长、人次等数据。其中，志愿服务时长是指志愿者实际提供志愿服务的小时数。

3. 疫情防控与抢险救灾

【指标解读】：企业在促进健康与疫情防控、参与社区灾害预防活动、支援受灾地区群众方面的制度和举措。

> **示例：**
>
> 疫情就是命令，防控就是责任。疫情暴发后，陕西煤业下属各矿业公司、各生产建设矿井行动迅速，针对疫情报告、疫情处置、宣传引导、后勤保障等工作，明确责任和要求，全面打响疫情防控"阻击战"。加强出入信息登记和人员排查，严格做好返矿岗员工体温测量、掌握假期活动轨迹。
>
> ——《陕西煤业股份有限公司2020社会责任报告》（P16）

（二）社区发展

1. 财富和收入创造

【指标解读】：组织对创造财富和收入所产生的积极影响，其方式有投资创业计划、本地化采购、本地化雇佣，以及在积累经济资源和社会关系方面付出更多的努力，以增进经济和社会福祉或社区财富。

2. 就业创造和技能开发

【指标解读】：企业为所在社区居民提供就业岗位，开展专业技能培训，提高社区居民技能水平，实现顺利就业、增加居民收入创造条件的举措。

示例：

在澳大利亚，兖煤开展支持当地原住民的活动，向克隆塔夫基金会（Clontarf Foundation）捐赠 10 万美元，以支持原住民青年的教育、纪律、生活技能、自我尊重和就业前景，帮助他们更好地融入社会。

——《兖州煤业股份有限公司 2020 年度社会责任报告》（P63）

3. 教育和文化

【指标解读】：企业尊重和保护社区文化传统和遗产，为社区文化活动和项目提供便利；支持社区教育发展，改善教育设施，提高教育质量。

示例：

陕西煤业通过持续开展"金秋助学"项目，实施校企合作和志愿者帮扶，努力推进教育公平，惠及贫困学生和家庭，以实际行动为消弭教育鸿沟做出力所能及的贡献，帮助更多贫困学子享有平等教育、开阔视野和获取成功的机会。

——《陕西煤业股份有限公司 2020 社会责任报告》（P60）

4. 乡村振兴

【指标解读】：企业积极响应国家乡村振兴战略，助力实现共同富裕的举措。

5. 海外社会责任建设

【指标解读】：企业结合所在国实际，入乡随俗，帮助当地社区发展的行动，如跨文化交流活动等支持海外社区发展的举措。

示例：

我们做中国梦联通世界梦的能源使者，秉持高度的责任感与使命感，坚持共商共建共享，最大程度发挥能源产业链优势，积极参与共建"一带一路"，推进"大协同+专业化"的国际化发展体系，不断提高国际化经营能力与水平。2020 年，我们扎实推进中蒙跨境能源基地、扎舒兰露天煤矿等重点项目，江苏东台海上风电、印尼爪哇百万千瓦煤电等国际合作项目落地见效，用清洁的能源、优质的工程为美丽世界添砖加瓦。

——《国家能源集团 2020 年社会责任报告》（P67）

（三）社区公益

1. 公益慈善

【指标解读】：主要指企业的社会公益政策和主要的公益投放领域。

示例：

我们通过国家能源集团公益基金会，不断强化公益质量，创新公益模式，将温暖与爱心高效传递。2020 年，我们继续巩固深化困境家庭儿童先心病救助的"1+3"模式和"爱心学校""爱心书屋""爱心助学""爱心红丝带""爱心之旅"等品牌项目，在卫生健康、文化教育、生态环保等领域共开展92个公益慈善和扶贫项目，总计支出5.26亿元，受益人数达200余万人，以高质量的公益实践巩固品牌价值，取得了良好的社会效益。

——《国家能源集团2020年社会责任报告》（P73）

2. 捐赠总额

【指标解读】：主要指企业年度资金捐助和年度物资捐助总额。

六、员工责任

员工是企业最核心的利益相关方之一，是企业发展最具创造性的资源。企业应尊重关爱员工，实现员工与企业的共同发展。员工责任主要包括就业和劳动关系、员工权益保护、民主管理和集体协商、职业健康安全、发展与培训五个方面。

（一）就业和劳动关系

1. 平等雇佣

【指标解读】：主要指企业公平对待不同民族、性别、种族、国籍、年龄、宗教信仰、残疾、婚姻状况等的应聘者，为保障员工拥有平等机会，避免受到任何形式的歧视而制定的措施或制度。

示例：

平等雇佣：在平等自愿、协商一致基础上，与员工签订劳动合同。坚决杜绝因年龄、性别、婚姻状况、伤残、民族、种族、宗教等因素歧视员工和雇佣童工的现象产生。

——《陕西煤业股份有限公司 2020 社会责任报告》（P54）

2. 反强迫劳动和骚扰虐待

【指标解读】：规范用工，无强迫劳动和骚扰虐待。强迫劳动指以限制人身自由方法强迫职工劳动；骚扰虐待指践踏员工的尊严，侵犯员工的合法权利，进行寻衅滋事等行为。

示例：

公司严格按照国家法律法规，不断规范劳动用工管理，严禁雇佣童工，抵制一切形式的强迫劳动和强制劳动。实行劳动用工监督检查制度，不定期对劳动用工管理情况进行抽查，2020 年未发生雇佣童工、强制劳工及雇佣纠纷情况。

——《中国神华能源股份有限公司 2020 ESG 报告》（P82）

3. 劳动合同签订率

【指标解读】：遵守国家劳动法律法规，依法与员工签订劳动合同。劳动合同签订率指报告期内企业员工中签订劳动合同的比率。

4. 员工构成情况

【指标解读】：包括但不限于男女员工人数和比例、少数或其他民族员工人数和比例、残疾人雇佣人数和比例等。

5. 女性管理者比例

【指标解读】：女性管理者与管理者总数之比。管理者主要指中层以上人员。

6. 员工年度流失率

【指标解读】：员工年度流失率=年度离职人员总数/（年初员工总数+年度入职总数）。

（二）员工权益保护

1. 薪酬与福利体系

【指标解读】：企业为员工制定的薪酬和福利待遇符合当地法规要求，并按时、足额发放，已建立薪酬福利协商机制。

示例：

　　公司持续完善薪酬体系，采取包括年薪制、计件工资制、计时工资制、市场化考核工资制等灵活多样的分配形式，发挥工资分配的激励作用。公司深化薪酬分配制度改革，成为首家推进股权激励计划的国有煤炭上市企业。激励对象包括董事、中高层管理人员以及核心骨干人员等，向激励对象授予4302万份股票期权。

——《兖州煤业股份有限公司2020年度社会责任报告》（P51）

2. 社会保险覆盖率

【指标解读】：主要指企业正式员工中"五险一金"的覆盖比例。

3. 每年人均带薪年休假天数

【指标解读】：带薪年休假是指劳动者连续工作一年以上，就可以享受一定时间的带薪年假。具体操作可参考现行的《职工带薪年休假条例》。

（三）民主管理和集体协商

1. 民主管理

【指标解读】：企业建立工会或员工代表大会，并有完整的组织体系或协商制度。实行民主管理主要有以下三种形式：职工代表大会、厂务公开、职工董事和职工监事。

示例：

中煤能源建立健全了职代会等工作制度，通过召开职代会，研究企业重大发展事项和关系员工切身利益的热点问题，保障员工的知情权、监督权和参与决策权。通过各种途径和渠道加强与员工的沟通，召开座谈会，听取员工的诉求，广泛征集员工意见和建议，为企业发展集思广益，激发全体员工的归属感和主人翁意识。

——《中煤能源 2020 年社会责任报告》（P29）

2. 民主沟通

【指标解读】：员工通过工会组织或员工代表与组织或其代表就

劳动关系的内容进行协商的过程。企业建立日常沟通、董事长信箱等多种沟通渠道，及时收集和反馈员工的意见。

示例：

公司积极加强与员工间的双向沟通。公司于 2020 年 1 月 12 日至 14 日召开了公司四届三次职工代表大会暨工会会员代表大会，积极听取员工的需求建议，吸纳采纳有益提案，促进与员工之间的沟通交流。

——《内蒙古伊泰煤炭股份有限公司 2020 年度社会责任报告》（P40）

3. 参加工会的员工比例

【指标解读】：根据《工会法》《中国工会章程》等规定，所有符合条件的企业都应该依法成立工会，维护职工合法权益是工会的基本职责。

（四）职业健康安全

1. 职业病防治

【指标解读】：企业需根据《中华人民共和国职业病防治法》，以及《工作场所职业卫生监督管理规定》等政策法规，建立本企业的职业病防治制度。

示例：

公司严格遵循《中华人民共和国职业病防治法》等法律法规，落实"预防为主、防治结合"的职业健康防治方针，按照"高点起步、源头治理、科学防治、严格管理"的要求，制定《职业病危害防治责任制度》等 14 项职业病危害防治管理办法，明确粉尘、噪声、高温、有毒有害气体等职业病危害防治措施，规范个体劳动防护用品配备和使用管理。

——《兖州煤业股份有限公司 2020 年度社会责任报告》（P35）

2. 新增职业病数量

【指标解读】：职业病是指企业、事业单位和个体经济组织等用人单位的劳动者在职业活动中，因接触粉尘、放射性物质和其他有毒、有害物质等因素而引起的疾病。该指标主要统计企业在报告期内年度新增职业病的数量。

3. 职业安全防护措施

【指标解读】：企业为保护员工的生命安全和健康采取的措施，包括设置安全防护设施、配备安全护具等。

示例：

劳保护具：为所有员工（包括正式员工和劳务派遣员工）配备高标准、有效的个人劳保防护用品；指导员工正确使用劳保工具。

——《中国神华能源股份有限公司 2020 ESG 报告》（P51）

4. 工作环境和条件保障

【指标解读】：工作环境和条件指职工在工作中的设施条件、工作环境、劳动强度和工作时间的总和。

示例：

为了提高工作面除尘效果，降低生产作业中粉尘对员工健康的危害，神东煤炭利用废旧材料进行改装、加工制作成可移动、伸缩的小车，并将水雾化除尘器连接在小车的上下托盘上，可随着巷道走向、断面的大小调节喷雾的角度，快速达到最佳的效果。

——《中国神华能源股份有限公司 2020 ESG 报告》（P52）

5. 降低煤粉尘浓度的制度、措施

【指标解读】：企业为降低工作环境中的粉尘浓度而建立清洁工作环境所采取的制度和措施，如无尘矿井建设等。

示例：

强化粉尘源头治理，全面推广应用泡沫抑尘、粉尘在线监测、自动隔爆装置等高效防尘技术设备，降低粉尘浓度，改善员工工作环境。

——《陕西煤业化工集团公司 2020 年企业社会责任报告》（P46）

6. 职业安全健康培训

【指标解读】：主要指企业针对员工开展的关于职业安全健康知识、预防等内容的培训。

示例：

神东煤炭在全国安全生产月活动进行期间，深入开展预防职业病伤害、保障职业健康安全宣传教育活动。公司组织各单位职业病危害防治专（兼）职管理人员进行职业病危害防治和管理培训并进行了结业考试，考试通过率达 100%。

——《中国神华能源股份有限公司 2020 ESG 报告》（P52）

7. 体检及健康档案覆盖率

【指标解读】：主要指企业员工年度体检的覆盖率和职业健康档案的覆盖率。

8. 员工心理健康援助

【指标解读】：员工心理健康是企业成功的必要因素，企业有责任营造和谐的氛围，帮助员工保持心理健康。

示例：

心理健康辅导：邀请第三方专家开展员工心理健康科普教育；开展线上心理健康辅导工作。

——《中国神华能源股份有限公司 2020 ESG 报告》（P51）

（五）发展与培训

1. 职业发展通道

【指标解读】：企业为员工提供技能开发、培训或训练及获得职业晋升的机会。

> **示例：**
>
> 公司坚持外部引进与内部培养双轮驱动的人才策略，在企业内部搭建完善管理、技术、技能三条晋升渠道，进一步完善年轻干部选拔体系。对于内部空缺管理技术岗位，通过组织公开竞聘、民主公推等方式择优遴选，表现优秀的班组长可直接晋升到管理岗位，为员工职业生涯发展提供广阔的舞台和空间。
>
> ——《兖州煤业股份有限公司 2020 年度社会责任报告》（P55）

2. 员工培训体系

【指标解读】：在企业内部建立一个系统的、与企业的发展及员工个人成长相配套的培训管理体系、培训课程体系、培训师资体系，以及培训实施体系。

> **示例：**
>
> 陕西煤业致力于构建组织不断优化、人才适配度不断提高、利于员工快速发展的人才培养机制。创新完善"线上+线下"培训途径，培养和引进高质量师资队伍，将后备干部团队建设与专业技能人才培养相结合，加快各级管理人员的发展，促进各专业技能人才的成长，打造符合陕西煤业战略要求的高素质人才队伍。
>
> ——《陕西煤业股份有限公司 2020 年社会责任报告》（P55）

3. 培训绩效

【指标解读】：包括年度培训投入金额、培训次数、培训时长等培训绩效数据。

4. 平衡工作与生活

【指标解读】：企业开展丰富员工业余生活的活动，有关心员工及其家庭、实现其工作与生活平衡的措施。

示例：

编印首届职工文化艺术节《职工原创文艺作品文集》《职工书法美术摄影优秀作品集》，职工书画摄影作品展在陕西电视台《丝路建设》栏目播出；下发《陕煤集团推广普及广播体操（工间操）实施方案》，27 家下属企业实现了第九套广播体操在全集团普及常态开展；韩城矿业、渭化公司举办职工篮球赛和钓鱼比赛，彬长矿业新建矿区职工运动公园 1 个、羽毛球乒乓球场地 18 块、改造篮球场 7 个。

——《陕西煤业化工集团公司 2020 年企业社会责任报告》（P48）

第三章　煤炭行业社会责任管理

一、行业特征与社会责任内涵、范畴（外延）

（一）煤炭企业的特征

煤炭是我国的主体能源和重要的工业原料。改革开放以来，1978~2020 年全国煤炭产量由 6.18 亿吨增加到 39 亿吨，年均增长 4.6%，支撑了我国国内生产总值由 3645 亿元增加到 100 万亿元，实现了长周期年均 9%以上的增长。煤炭行业有力地支撑了国民经济和社会的平稳较快发展。2020 年，全国规模以上煤炭企业共生产原煤 38.4 亿吨，为国民经济和社会发展提供了稳定的能源供应。

煤炭行业作为我国国民经济的重要能源支柱产业，担负着促进国民经济发展、国有资产保值增值等经济责任，担负着推动能源高效绿色低碳转型、实现碳中和目标等环境责任，更担负着维护大局稳定和促进社会和谐发展等社会责任。近年来，煤炭企业在能源保供、科技创新、绿色低碳、安全生产、环境治理、员工发展、慈善公益等方面承担了越来越多的社会责任。

中国煤炭工业协会作为全国性行业组织，始终坚持为企业、为行业、为政府、为社会服务的宗旨，充分发挥联系政府、服务企业的桥梁和纽带作用，致力于推进科技进步、加强行业自律、强化履责担当、反映企业诉求、促进行业高质量发展，得到了政府、企业、社会等利益相关方的认可、信赖和支持。自2012年起，中国煤炭工业协会每年组织开展煤炭行业企业社会责任成果发布工作，旨在搭建行业交流平台，提高行业履责意识与水平，提升企业履责管理与实践，推进企业诚信体系建设，完善社会责任信息披露制度，扩展企业综合价值创造能力，提升行业在全社会的影响力和美誉度，让全社会更多地了解煤炭、理解煤炭、尊重煤炭、关心煤炭。

（二）煤炭企业的新要求

2020年9月22日，习近平总书记在第七十五届联合国大会上提出"中国二氧化碳排放力争于2030年前达到峰值，努力争取2060年前实现碳中和"的目标。自此之后，实现碳达峰、碳中和成为能源企业调整产业结构、优化产业布局、加快新旧动能转换的必然选择和重要引领。2021年9月13日，习近平总书记在国家能源集团榆林化工有限公司考察时强调，煤炭作为我国主体能源，要按照绿色低碳的发展方向，对标实现碳达峰、碳中和目标任务，推进煤炭消费转型升级，提高煤炭作为化工原料的综合利用效能，促进煤化工产业高端化、多元化、低碳化发展。习近平总书记的重要讲话，饱含了对煤炭行业服务党和国家发展大局、保障国家能源安全稳定供应的殷切希望，对推动煤炭工业转型升级和绿色低碳发展具有重大的指导意义。

20世纪90年代，煤炭企业率先启动洁净煤技术发展计划，有力促进了煤炭的清洁高效低碳利用。近年来，特别是党的十八大以来，煤炭企业深入贯彻习近平生态文明思想，以新发展理念为引领，坚持目标牵引、创新驱动、重点突破、示范带动，从煤炭洗选加工、资源综合利用，到矿区生态修复治理；从煤炭绿色开采、节能减排，到煤炭清洁转化、建设循环经济产业园区，不断丰富和发展煤炭绿色低碳发展内涵，初步走出了一条矿区资源开发与生态环境保护相协调、经济社会发展与生态文明建设相统一的发展路子。煤炭生产、利用和矿区环境质量等逐步实现了由"量大"向"质优"、由"传统"向"智能"、由"粗放"向"绿色"、由"局部好转"向"整体好转"的转变。

随着2021年双碳目标的"1+N"政策体系正式发布，"十四五"时期，能源结构调整步伐加快，碳排放总量、强度"双控"政策措施将更加严格，煤炭在一次能源消费结构中的比重还将持续下降，煤炭总量增长空间将越来越小，倒逼煤炭企业必须转变观念，树立新发展理念，准确把握新发展阶段的新特征、新要求，加快向生产智能化、管理信息化、产业分工专业化、煤炭利用洁净化转变，加快建设以绿色低碳为特征的现代化经济体系，促进煤炭工业高质量发展，为国民经济和社会发展提供坚实可靠的能源保障。

（三）煤炭企业社会责任内涵和主要工作范畴

煤炭企业争取早日实现高质量发展对我国能源产业有重要意义。"十四五"时期，我国经济结构将进一步调整优化，能源技术革命加速演进，非化石能源替代步伐加快，生态环境约束不断强化，碳达峰和碳中和战略实施将给煤炭企业带来新的机遇和挑战。

新时代我国煤炭企业社会责任的内涵是：在社会主义市场经济条件下，煤炭企业对利益相关方（包括政府、环境、社区、消费者、供应商、竞争者、股东、债权人、员工等）自愿承担与自身情况相适应的政治责任、经济责任、环境责任和社会责任，以创造企业价值，实现更高质量、更加和谐、更可持续、更加公平、更为安全的发展。

新时代我国煤炭企业的主要工作范畴是：服务国家战略，深化煤炭供给侧结构性改革，加强对煤炭绿色智能开采、煤矿重大灾害防控、煤炭清洁高效转化等研究，强化煤炭科技原始创新能力。促进煤炭清洁高效低碳利用，打通煤油气、化工和新材料产业链，拓展煤炭全产业链发展空间。推动矿区生态文明建设，因地制宜推广绿色开采技术，鼓励原煤全部入选（洗）。践行"绿水青山就是金山银山"理念，通过清洁生产、节能减排、绿色运输、植树造林等形式，强化碳补偿、减少碳排放，努力实现碳中和目标。加强煤矿职业安全与健康监管机制建设，全面提高灾害预防和综合治理水平，促进行业安全生产状况不断好转。围绕职业危害防治，健全完善职业病防治支撑体系，关爱员工生活，助力员工发展，提高员工幸福指数。大力发展慈善公益事业，积极开展扶危济困、志愿服务、属地化运营等活动，关心和支持教育、文化、卫生等社会事业发展，用行业的高质量持续发展回报国家、回馈社会、回应利益相关方重大关切，树立良好社会形象。

二、企业社会责任辨识

社会责任辨识不仅包含了对因组织决策和活动的影响而引起的议题的识别，还包含了为致力于可持续发展而对处理这些议题的方式的识别。在辨识社会责任时，企业需全面考虑社会、组织、利益相关方三者之间的关系，对内进行责任管理方面的自查，对外则需通过不断地分析环境因素，确定社会责任核心议题及其重要性，确保社会责任辨识保持持续不断的状态。

（一）尽职调查

GB/T 36000-2015《社会责任指南》对尽职调查做了如下定义：为了避免和减小消极影响，在项目或组织活动的整个生命周期，针对组织决策和活动给社会、环境和经济带来的实际和潜在消极影响进行全面、积极识别的过程。尽职调查一般由第三方发起，比如董事会、监管机构等，聘请专业机构对企业的商业行为进行调查，看企业经营是否合规，是否对环境和社会有不利影响，是否尽到相应的社会责任。做尽职调查首先要识别出企业的利益相关方，再通过评估企业的风险重大性和管理有效性，确定企业存在的风险源，基于数据和流程，分析企业存在的问题，从而影响企业的决策①。

尽职调查是对项目全程的管理，贯穿于企业运营的各个方面。在项目初期，除了必须进行项目经济和环境的可行性评估外，还必

① 项楠. 中瑞企业社会责任培训聚焦前沿议题［J］. WTO 经济导刊, 2015（7）: 2.

须对其社会可行性进行评估，系统地调查和收集与项目有关的社会因素和社会数据，通过利益相关方的有效参与，优化项目建设方案，减少对社会产生的影响，把可能产生的不良反应降到最低限度。中国倡导"以人为本""群众路线"，通过尽职调查可以有效消除各利益相关方的顾虑，提高各方满意度。煤炭企业在施工建设，煤炭开采、运输、加工、利用、关闭、生态修复等阶段的全生命周期过程中，应充分地进行尽职调查，提前通过广播、公告、座谈会等方式让各利益相关方参与，回应利益相关方的期望和诉求，并得到其支持，才能更好地制定出符合碳达峰目标与碳中和愿景的煤炭行业发展路线，促进项目有序、顺利开展。近些年，随着"一带一路"倡议的推进，我国越来越多的煤炭企业走出国门。在海外，企业在筹建、运营到退出的过程中，都会面临更多的社会风险，应该充分地进行尽职调查及重视社会影响的问题，尽早认识和防备相应风险，只有被当地认可，才能拓展更多的业务。

除尽职调查的方式外，组织亦可通过背景调查、第三方评估等方式，来识别、评估、预防和处理因自身或组织关系方的活动所导致的实际或潜在的人权影响，促进企业责任管理能力的升级。

（二）确定核心主题及议题

ISO 26000：2010 社会责任指南指出，为界定组织的社会责任范围，识别相关议题并设定优先事项，组织应处理七大核心主题：组织治理、人权、劳工实践、环境、公平运营实践、消费者议题、社区参与和发展。每个核心主题都包括一系列社会责任议题，共 36 个议题，具体分布如表 3-1 所示。ISO 26000：2010 社会责任指南在各核心主题中阐述的议题反映的只是当前国际社会的普遍期望，但社会责任议题是动态的，会随着社会期望的变化而变化。

表 3-1　社会责任核心主题及其议题排序

核心主题和议题	ISO 26000 对应章节
核心主题：组织治理	**6.2**
核心主题：人权	**6.3**
议题 1：尽责审查	6.3.3
议题 2：人权风险状况	6.3.4
议题 3：避免同谋	6.3.5
议题 4：处理投诉	6.3.6
议题 5：歧视和弱势群体	6.3.7
议题 6：公民权利和政治权利	6.3.8
议题 7：经济、社会和文化权利	6.3.9
议题 8：工作中的基本原则和权利	6.3.10
核心主题：劳工实践	**6.4**
议题 1：就业和雇佣关系	6.4.3
议题 2：工作条件和社会保护	6.4.4
议题 3：社会对话	6.4.5
议题 4：工作中的健康与安全	6.4.6
议题 5：工作场所中人的发展与培训	6.4.7
核心主题：环境	**6.5**
议题 1：防止污染	6.5.3
议题 2：资源可持续利用	6.5.4
议题 3：减缓并适应气候变化	6.5.5
议题 4：环境保护、生物多样性和自然栖息地恢复	6.5.6
核心主题：公平运营实践	**6.6**
议题 1：反腐败	6.6.3

核心主题和议题	ISO 26000 对应章节
议题 2：负责任的政治参与	6.6.4
议题 3：公平竞争	6.6.5
议题 4：在价值链中促进社会责任	6.6.6
议题 5：尊重财产权	6.6.7
核心主题：消费者议题	**6.7**
议题 1：公平营销、真实公正的信息和公平的合同行为	6.7.3
议题 2：保护消费者健康与安全	6.7.4
议题 3：可持续消费	6.7.5
议题 4：消费者服务、支持和投诉及争议处理	6.7.6
议题 5：消费者信息保护与隐私	6.7.7
议题 6：基本服务获取	6.7.8
议题 7：教育和意识	6.7.9
核心主题：社区参与和发展	**6.8**
议题 1：社区参与	6.8.3
议题 2：教育和文化	6.8.4
议题 3：就业创造和技能开发	6.8.5
议题 4：技术开发与获取	6.8.6
议题 5：财富与收入创造	6.8.7
议题 6：健康	6.8.8
议题 7：社会投资	6.8.9

资料来源：ISO 26000 社会责任指南（第一版）。

煤炭行业作为我国能源供给的支柱产业，其生产过程具有高风险、高危险和高强度等特点，在我国碳中和愿景下承担的责任有其特殊性。相关研究以"利益相关者理论"作为理论支撑，结合煤炭企业的生产过程特点，指出煤炭企业的社会责任包括经济责任、法律责任、安全责任、环境责任、伦理责任、道德责任、社会公益这七大责任范畴，进一步构建了社会责任下的煤炭企业发展模式理论模型①（见图 3-1）。不同企业因企业规模、发展阶段、经营地域、运营活动等各自独特特征，履行社会责任所关注角度不同。比如《中煤能源 2020 年社会责任报告》从经济责任、创新责任、安全责任、员工责任、环境责任、社区责任六大责任主题披露履责行动绩效。

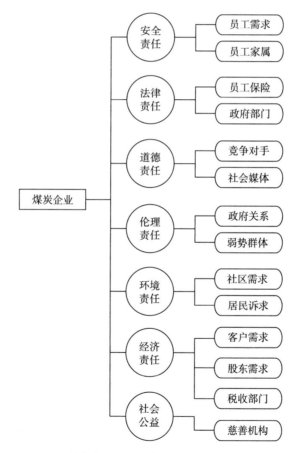

图 3-1 社会责任下的煤炭企业发展模式理论模型

① 尹玥，谭旭红. 社会责任视域下的煤炭企业发展模式研究 [J]. 煤炭经济研究，2020（2）：6.

（三）确定议题的重要性排序

　　每个企业接触到的社会责任议题众多，企业履行社会责任应根据自身所处行业、企业规模、经营地域、产品特征等，关注与运营活动最为相关、对利益相关方具有重大或潜在影响的实质性议题。要使社会责任全面融入企业，社会责任工作领导机构和执行机构要推动职能部门、下属企业、生产单位，结合日常工作将关键的社会责任议题进一步细化。确认社会责任议题需要掌握一些要点：第一，要分析企业所处行业、所处区域、经营规模、产权性质、员工构成等因素对企业社会责任议题的影响；第二，要充分理解重要利益相关方的期望和要求，选择能为社会、为环境创造更多价值的议题；第三，要充分发挥企业优势、善用企业独特资源。企业在进行议题选择时，可以开展全面的内外部环境分析，以此选择出既被利益相关方重视，又对企业可持续发展有重要作用的 CSR 议题。表 3-2 提供了进行环境分析可考虑的方面。

表 3-2　议题识别的环境分析

信息类别	信息来源
宏观形势	重大国际共识，如推动和落实联合国 2030 可持续发展目标（SDGs），积极应对全球气候变化等 国家整体规划，如《国民经济和社会发展第十三个五年规划》 国家重大政策，如"四个全面"战略布局 相关部委推动的全局性重点工作，如扶贫办主导的脱贫攻坚、工信部主导的绿色制造、国资委主导的国企改革等 媒体关注和报道的国家改革发展过程中存在的突出矛盾和迫切需求，如资源环境约束、各类腐败问题等

续表

信息类别	信息来源
政策标准	社会责任国际主流标准，如 ISO 26000：2010 社会责任指南、GRI Standards 等 社会责任国内主流标准，如中国社会科学院经济学部企业社会责任研究中心《中国企业社会责任报告编写指南》、国家标准化管理委员会《社会责任指南》（GB/T 36000-2015）等 政府部门的社会责任政策要求，如国务院国资委《关于国有企业更好履行社会责任的指导意见》、中国保监会《关于保险业履行社会责任的指导意见》等 资本市场的社会责任政策要求，如香港联合交易所《社会、环境与管治报告指引》、沪深两市《关于进一步完善上市公司扶贫工作信息披露的通知》等 行业协会的社会责任倡议标准，如中国财务公司协会《企业集团财务公司履行社会责任公约》
利益相关方关注点	各职能部门日常工作中与利益相关方的沟通交流，如人力资源部与员工的沟通、采购部与供应商的沟通、GR 部门与政府的沟通等 专门的利益相关方沟通交流活动，如一些企业每年举办企业公众开放日；专门的利益相关方沟通交流会议，如专题性或综合性的圆桌会议；利益相关方调查，如企业社会责任报告开设的意见反馈专栏 与社会责任研究推进机构沟通交流，如与研究机构、行业协会等沟通，更加宏观和系统了解利益相关方对企业的诉求
企业经营管理实践	企业使命、愿景、价值观；企业中长期发展战略 企业社会责任战略 企业经营管理制度

资料来源：《中国企业社会责任报告指南基础框架 CASS-CSR4.0》。

　　企业可通过如下过程进行议题的重要性排序：首先，企业应与企业内外部利益相关方共同研究，产生企业社会责任与可持续发展的（所有）相关议题，并筛选出与本企业业务相关的重要议题；其次，企业将筛选出的议题交给利益相关方代表进行打分，征询内外部专家意见并进行微调，结合企业发展战略审核批准，获得实质性社会责任议题。企业可以从"对企业可持续发展的重要性"和"对利益相关方的重要性"两个维度进行数据统计，绘制出二维矩阵图，以便更加直观地呈现实质性议题。此外，企业还可以结合实质性议题，通过构建产品全生命周期分析的方式，将产品的全生命周期对应每个生产阶段，识别各关键性议题与该阶段之间的相关关系，进一步强化与内部利益相关者的沟通，实现议题的责任落地①。

案例：中国华电实质性议题筛选

中国华电不断完善核心社会责任议题选择流程和标准，通过线上和线下调查，最终确定公司"年度核心社会责任议题"。

第一步：利益相关方契合分析。利益相关方调查、社会责任专家对话、先进企业社会责任工作交流、电力生产行业影响分析等。利益相关方期待议题：公司治理、信息透明、资源保护、节约能源、员工多样化、卫生保健、安全的工作环境、守法合规、客户信息保护、战略合作、绿色电力、气候变化、电厂布局等。

第二步：社会责任领导小组办公室根据企业战略对"利益相关方期待议题"的战略一致性进行分析，从中确定"核心社会责任议题目录"。核心社会责任议题目录：节约能源、绿色电力、生态保护、员工权益、安全生产、气候变化、信息透明、守法合规等。

第三步：通过部门调查，最终从"核心议题目录"中确定"年度核心社会责任议题"。年度核心社会责任议题：生态环境保护、应对气候变化、保护员工职业安全健康、安全生产、绿色电力。

资料来源：《中国华电集团有限公司 2020 可持续发展报告》第 73 页。

---

① 黄祎，龚洋冉，钱小军. 企业应如何识别与落实社会责任——一个实质性议题的两阶段分析方法［J］. 清华管理评论，2021（5）：6.

三、利益相关方识别与参与

（一）利益相关方识别

弗里曼（Freeman）给利益相关方下了一个经典定义："一个组织里的利益相关方是可以影响到组织目标的实现或受其实现影响的群体或个人。"也就是说，任何一个企业的发展都离不开各利益相关方的投入或参与，企业追求的是利益相关方的整体利益，而不仅仅是某些主体的利益。因此，企业需要建立一套系统性的方案，用于识别和定位与其活动、产品和服务相关的所有利益相关方，根据利益相关方的分布情况，制定管理各利益相关方之间关系的战略和措施，从而履行对利益相关方的责任，提高企业的整体绩效。

目前常用的利益相关方界定和分类方法是多锥细分法和米切尔评分法。威尔（Wheeler，1998）提供了一种有效多锥细分法，从相关群体是否具备社会性，以及与企业的关系是否直接由真实的人来建立两个角度，把利益相关方划分为主要和次要、社会和非社会两个类别。米切尔评分法（Mitchell，1997）则强调将企业各利益相关方依据合法性、权利性、紧急性三个特性分为"确定型""预期型""潜在型"的利益相关方。一般而言，企业可通过如下过程来识别利益相关方：第一，召集企业各职能部门如生产技术、质量管理、风险管理、法务、人力资源、对外交流、采购、投资者关系等领域的人员，通过头脑风暴列出一个所有参与或者会受到企业影响的利益相关方清单。第二，根据国家法律政策、行业发展趋势、企业发展阶段、识别标准和程度对已识别出来的利益相关方进行分类，确定主要利益相关方和次要利益相关方。

煤炭行业有不同的发展阶段，每一个发展阶段都具有不同的特征，随着发展阶段的更替，介入的利益相关方对行业的影响力都随着时间动态变化着。煤炭行业核心利益相关方获利行为是行业发展的主要动力，同时也决定着行业的发展方向，且不同的利益相关方对行业的影响力有主次之分。为了更加有效地进行社会责任管理，促进企业高质量、可持续发展，应该在全面识别行业利益相关方之后，进一步对利益相关方进行主次排序，优先解决企业主要利益相关方的主要问题，然后是企业次要利益相关方的核心诉求。

基于对煤炭行业利益相关方研究，运用米切尔评分法确定的煤炭企业利益相关方既包括煤炭生产企业的股东、债权人、雇员、下游客户群体、上游供应商等产业链条上的交易伙伴，也包括政府部门、本地居民利益、本地社区、媒体、环保主义等的压力集团，甚至包括自然环境、人类后代等受到企业经营活动直接或间接影响的客体。在碳达峰碳中和背景下，基于国务院印发的《2030年前碳达峰行动方案》，煤炭企业的核心利益相关方则包括政府部门、企业的股东和债权人、上游供应商、下游消费企业，以及企业员工[1]。

（二）利益相关方参与[2]

利益相关方参与是指企业通过制度安排、资源保障，构建企业

① 宋彦峰．碳中和目标下减煤对煤炭产业利益相关方的影响及应对策略——以河南省为例 [J]．北方经济，2021（8）：4.
② 中国社会科学院经济学部企业社会责任研究中心．企业社会责任基础教材 [M]．北京：经济管理出版社，2013.

与利益相关方之间的沟通、监督机制，使企业在运营中深入了解并充分考虑利益相关方需求，并使利益相关方参与、监督企业决策，促进企业发展与利益相关方满意的双赢。

利益相关方参与意味着：企业与利益相关方之间有互动关系；以企业和利益相关方之间的双向沟通为基础；通过相互对话流程共同识别问题，并一同寻找问题的解决方法；在某些情况下，要采取尽可能平等的方式将相关各方会聚在一起；确保利益相关方发表意见的机会，否则企业无法了解他们所关注的问题；无论是企业还是利益相关方，可能都需要做出改变。

在利益相关方参与时要注意以下四点：第一，组织不宜因某组织团体更"友好"或比其他团体更支持本组织目标而给予其优先权。第二，组织不宜仅因为利益相关方沉默而忽略他们。第三，组织不宜建立或扶植并不真正独立的特定团体来假充对话伙伴。第四，真正的利益相关方对话应包含独立的各方，以及对任何财务或其他类似支持的公开披露。此外，企业还应建立同利益相关方畅通、即时、有效的沟通应答程序和机制。一方面，用于帮助目前尚未识别出来的利益相关方发表意见。比如：通过电话热线、当地代表、重点人群访问等公开接触机制或可超越现有参与范围的调查等方式。另一方面，通过不受影响和不被控制的独立程序，为利益相关方提供畅所欲言的机会。比如：使用举报政策或任命独立调查员、社会监督员；设立机制，代表那些没有发言权的群体，如子孙后代、自然环境等。

案例：中国神华多措并举加强利益相关方沟通

中国神华重视利益相关方了解公司履责理念及行动，推动利益相关方参与、监督和沟通交流活动，促进企业可发展和利益相关方满意的双赢。2019 年 11 月，上海证券交易所"沪市公司质量行：我是股东——中小投资者走进中国神华"活动在中国神华举办，30 余名中小投资者参观了神华国华北京燃气热电有限公司，并围绕企业改革、高质量发展和生产经营等问题与公司管理层进行了沟通交流。2020 年 11 月 20 日，中国神华联合北京市东城区团委举办"感受祖国发展 激励青年建功"、东城区共青团"走进中国神华"团青干部思想汇宣讲活动，从公司履责理念和行动的视角洞见党和国家事业取得的非凡成就，在一线战役的亲身讲述中感受接续奋斗的历史使命和责任担当。

四、将社会责任融入企业经营

（一）增强社会责任意识和实践能力

在现代社会的市场经济活动中，企业既是社会财富的创造者，也是自然资源的消耗者[①]。习近平总书记在企业家座谈会上指出："社会是企业家施展才华的舞台。只有真诚回报社会、切实履行社会

---

① 王雪，蒋常艳，黄青娜. 企业经营中的社会责任意识［J］. 内蒙古煤炭经济，2016（21）：39-40.

责任的企业家，才能真正得到社会认可，才是符合时代要求的企业家。"因此，企业在追求经济利益的同时，应增强社会责任意识与实践能力，积极承担相应的社会责任，以助力社会发展为己任，以实干实效创造更大的经济社会价值，思行合一、善作善成，为国家乃至世界社会经济可持续发展注入澎湃动能，是新时代赋予企业的历史重任和宏大使命。

能源供应是一切工业发展的基石，煤炭是我国基础能源和重要原料，煤炭工业关系国家经济命脉和能源安全。在开启全面建设社会主义现代化国家的新征程中，社会责任作为企业的一个重要"软实力"，煤炭企业应增强社会责任意识来提升自身竞争力，须以科学发展观为指导，按照现代企业制度要求，充分将企业自身发展与时代背景、国家战略紧密结合，将社会责任意识自觉融入经营和管理理念中，把生态文明建设作为履行社会责任的重中之重，切实履行好安全生产、科技创新、员工权益保障等方面的社会责任，保障国家能源供应，积极应对全球气候变化，打造出积极、有责任的煤炭企业形象，进而实现经济效益和社会效益的双赢。

（二）确立社会责任理念

社会责任理念体现了哲学上的正义思想，并且符合经济学的规律，是企业履行社会责任的内部驱动力和方向[①]，包括使命、愿景和价值观三个方面。确立企业社会责任理念的核心与难点无不是围绕着它的实现方式问题而展开，如是否能通过制度设计使其有效运作，是否能够围绕该理念构建一个具有实际可操作性的制度体系，从而实

---

① 范世乾. 公司社会责任理念的哲学和经济学基础［J］. 理论界，2008（2）：112–115.

现公司治理目标——创造价值最大化。由此也可分析推导出确立责任理念的两个核心思考点，即责任理念的意义和要素（见表3-3）。

表3-3　责任理念的意义和要素

责任理念意义	责任理念要素
社会责任理念是企业行动和决策的积极指南，避免行动、决策的盲目性	要与企业发展战略相契合，是企业从上到下都真心想做的事
理念帮助企业确立哪些事应该做，哪些事不应该做	企业领导人必须就企业社会责任理念做出公开承诺，在公开场合不断倡导并配合宣贯和培训
理念是员工把社会责任履行好的内在动力	成为全体员工的共识，成为员工的行动指南
理念为企业利益相关方提供了一个富有意义和价值的关系框架	要明确易懂且富有意义，并与国际认可的基础价值观相符合
理念创造了一种新的意识，推动全员提出新的思想，做出新的贡献	要推动利益相关方参与，提炼过程中与其利益相关方充分沟通，制定后让重要利益相关方充分理解

对于一个符合企业自身的责任理念，绝不是"拿来"就可以，应该是看向"镜子"、找准"梳子"，从期望结果看向准备工作，洗练自身、升华核心的工作。

煤炭行业作为我国能源供给的支柱产业，其生产过程具有高风险、高危险和高强度等特点，在我国生态文明建设过程中承担的责任有其特殊性。因此，煤炭企业确定自身的社会责任理念需要更多考虑行业特性、国家战略决策、世界环境背景等方面的因素，在变化之中寻求定位，以定位应对变化，以企业特色为着墨点，从回应新时代呼唤角度展开，延伸出感知性强、印象力深的责任理念，作为支撑企业可持续发展的核心动力。

（三）将社会责任融入企业治理体系

企业治理工作所应用的具体模式直接影响到企业管理的成效，企业社会责任管理的本质是管理企业与社会的关系。将社会责任融入企业治理，更强调管理者与被管理者在企业管理中的共同参与，这不仅有利于在共同协商讨论的过程中结合企业的实际需求找到更加具有针对性的企业管理模式，还有利于共同发现企业管理中的实际问题①。

将社会责任融入整个组织，意味着组织内各层次均能正确理解各自的社会责任，并做出相应承诺。不同责任内容和范围的组织机构管理体系的构建是落实新的管理体系，发挥其管理作用的重要基础。建立完善的社会责任工作组织体系，既为履责工作的推进提供制度保障，也为统筹推进全公司社会责任工作打下坚实的基础。

作为"一把手工程"的社会责任，企业高层的支持和推动是企业社会责任发展的重要保证。伴随着我国企业社会责任的逐步发展，一套成熟的、以"决策层—组织层—执行层"为主体框架的社会责任管理组织基本体系逐渐形成（见图3-2）。

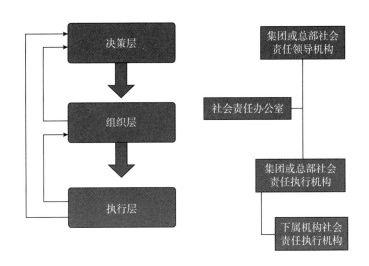

图3-2　社会责任管理组织基本体系

①　王征．全面社会责任管理：新的企业管理模式［J］．财经界，2021（29）：50-51.

作为决策层的企业社会责任领导机构，由企业高层领导直接负责，且在领导亲自挂帅下统筹推进企业社会责任工作。该部门通常负责审定社会责任理念、口号、工作规划，领导社会责任管理体系建设，组织召开重大社会责任活动等，形成规划、计划、执行、检查的统一管理。

组织层常设于集团或总部的相关职能部门，或新设社会责任工作专职部门，负责企业社会责任相关规划、计划和项目的组织推进。

执行层则由各部门、各子公司负责企业社会责任相关规划、计划和项目的落实执行。

煤炭行业作为我国国民经济的重要能源支柱产业，可将能源保供、科技创新、绿色低碳、安全生产、环境治理等作为重要责任议题，纳入责任规划和理念，融入企业日常运营，推动各职能部门、各下属企业、各生产环节以更加负责任的方式运营，同时根据实际情况采取反馈式调控，从而形成上下联动、动态调整的社会责任工作模式，有效聚合公司整体力量，更好、更长效地践行社会责任。

五、社会责任沟通

（一）沟通在社会责任中的作用

责任沟通是打开责任闭环，产生反馈式责任管理的重要实践，其实现机制是由企业价值信号传递、契约履行、价值创造共同组成的[①]，对发挥社会责任的效应至关重要。企业社会责任沟通可以从内、外两方面促进企业的利益（见表3-4）。

表3-4　沟通在社会责任中的双层作用

对内作用	对外作用
提升企业声望和形象	表明对社会责任原则的尊重
有助于促进和激励员工与其他人员支持组织的社会责任活动	有助于实现利益相关方的参与和促进与利益相关方的对话
增进组织内部和外部对其社会责任战略、目标、计划和绩效以及所面临挑战的了解	满足有关社会责任信息披露的法律法规要求和其他要求
提高组织对社会负责任的行动、透明度、诚信和担责方面的声誉，以增强利益相关方对组织的信任	展现组织当前如何履行社会责任承诺，并对利益相关方的利益和社会的普遍期望所做出的回应
	促进同行之间的比较，从而激励组织改进社会责任绩效

煤炭作为传统能源，虽然在能源和工业原料中有着举足轻重的地位，但是在很大程度上会伴随环境污染、安全生产等问题。随着节能减排、绿色发展理念的推行和落实，将履责行动"报告"出去也变得尤为重要，这里的"报告"是以动词的形式出现。责任沟通环节，不仅将企业社会责任行为和成就为公众和利益相关者所知晓，同时也将促使企业进一步完善自身社会责任管理，实现从回应压力到建构双赢战略的转变。

（二）社会责任信息特征

社会责任信息的特征决定了其披露性质和具体实现方式，包括"货币信息与非货币信息并存，以非货币信息为主""定性信息与定

---

① 王琦. 基于利益相关者理论的企业社会责任实现机制研究［D］. 哈尔滨工业大学，2015.

量信息并存，以定性信息为主""主体信息与非主体信息并存，以主体信息为主""临时信息与非定期信息并存，以非定期信息为主"四个方面，叙述性信息占据主要地位，超越了一般财务信息的范畴。

在信息内容方面，社会责任信息以非货币信息、定性信息为主，更多披露的是具体责任行为及履责效果，前瞻性信息较多；在信息涉及的主体方面，社会责任信息所面向主体与财务信息等报告相比，其延伸扩展到了社区、生态环境，以及更全面的利益相关者群体；从信息的时间范围来看，社会责任信息已超出了传统财务信息的定期披露，更多地强调根据信息性质和利益相关者需求采取临时与定期相结合的动态披露模式，具有较强的及时性和准确性[①]。

社会责任相关信息应具备如表3-5所示的特征。

表3-5　社会责任信息特征

特征	解释说明
完整性	信息应覆盖与社会责任有关的所有重要活动和影响
易理解性	信息发布应考虑沟通对象的知识和文化、社会、教育和经济的不同背景。使用的语言和提供资料的方式，包括资料的加工方式，对愿意获取信息的利益相关方应易于理解
回应性	信息应对利益相关方的利益做出回应
准确性	信息应真实正确，详尽得当
平衡性	信息应平衡且公正，不宜遗漏涉及组织活动影响的相关负面信息
及时性	过时的信息会产生误导。当信息描述的是特定时段的活动时，明确所覆盖的时段可使利益相关方比较不同时期的组织绩效，以及将该组织的绩效与其他组织的绩效进行对比
易获得性	利益相关方易获得与其相关的特定社会责任议题的信息

资料来源：《社会责任指南》国家标准。

---

① 尹开国，刘小芹，陈思琴.公司社会责任信息的特征及披露方式研究［J］.会计之友，2012（28）：93-95.

（三）社会责任沟通方式

由于公司履行社会责任的多维性、复杂性、不确定性和无形性，使它难以以经济交易实现为基础来用报告的传统会计核算模式确认、计量。因而，全面实现社会责任信息披露目标需要构建与社会责任信息多维性相匹配的多元化、多层次信息披露实现方式或载体[①]。

目前，企业越来越普遍和频繁地通过企业年报、企业社会责任报告、宣传册、宣传视频、广告、社交媒体、会议、公开活动、论坛、社论和文章等手段和渠道，就其社会责任相关的原则、行动和成果与公众和利益相关者进行沟通，倾听利益相关方的期望和诉求，同时，建立利益相关方参与企业重大决策和重要社会责任活动的机制，进而提升企业社会责任管理水平和披露效果。社会责任主要沟通方式如表3-6所示。

表3-6　社会责任主要沟通方式

主要沟通方式
• 与利益相关方会谈或对话，包括就社会责任特定议题或项目进行沟通
• 与组织的管理层和员工或成员进行沟通，以提高对社会责任及相关活动的总体认知和支持
• 把社会责任融入整个组织作为小组活动的工作重点
• 就有关社会责任的组织声明与利益相关方沟通
• 就与社会责任有关的采购条款与供应商进行沟通
• 就可能在社会责任方面造成后果的紧急情况与公众进行沟通
• 与产品有关的沟通，例如产品标识、产品信息和其他消费者信息
• 杂志或新闻中面向同行的关于社会责任方面的文章
• 推进某些领域的社会责任的广告或其他公开声明
• 向政府机构提交意见书或举行公开听证
• 定期的公开报告，并为利益相关方提供反馈机会

资料来源：《社会责任指南》国家标准。

---

① 尹开国，刘小芹，陈思琴. 公司社会责任信息的特征及披露方式研究［J］. 会计之友，2012（28）：93-95.

（四）利益相关方沟通

企业的生存、发展离不开利益相关者的支持。煤炭企业作为资源型企业，其产品具有稀缺性和不可再生性，兼有经济和政治属性，往往具有战略意义，因此煤炭企业与利益相关方沟通时可优先考虑与关键利益相关方的责任沟通，即就自然环境与国家能源安全等方面，协助政府与员工进行沟通，在此基础上，再考虑与重要利益相关者和一般利益相关者的沟通[1]。

通过与利益相关方对话，企业可以在获悉其观点及与其直接交换观点的过程中受益，以便评估沟通的内容、媒介、频度和范围是否充分和有效，以便在需要时改进、识别并确定最佳的责任实践，促使企业发展，并与利益相关方取得共赢。

作为社会责任管理向外对接的重要一环，利益相关方参与的实践途径是较为活泼、灵活的，其主要形式包括组织企业公众开放日活动、邀请利益相关方参与企业社会责任项目、成立利益相关方委员会等。

自 2012 年起，中国煤炭工业协会于每年 5 月 12 日在人民大会堂组织召开煤炭行业企业社会责任报告发布会，向社会报告企业履行社会责任做出的贡献及改革发展成果。

---

① 吉海涛. 利益相关者视角下资源型企业社会责任研究［D］. 辽宁大学，2010.

六、评审和改进社会责任实践

（一）监督社会责任工作

煤炭企业承担了我国基础能源供给的责任，为使社会责任工作能更有效推动企业可持续发展，持续监视与核心主题及相关议题有关的活动绩效非常重要。作为"企业公民"，在坚持党的领导下，煤炭企业应当义利兼顾，寻求义利平衡，将社会责任与工作流程相融合，审视与企业社会责任重要议题相关的管理制度、流程；与绩效相融合，构建科学、全面、与时俱进的指标体系，并通过多种方式的内部考核评价，形成对内监督，促进企业社会责任闭环的改进。

同时，也可通过与国内外社会责任标准、行业政策文件，以及行业社会责任报告对标分析，定期开展社会责任优秀评选等，将闭环打开，面向社会、面向未来，进一步提升履责实践的科学性和有效性。

指标测量是常用的对标方法，分为定性指标和定量指标两种。定量指标易于分析责任行为的纵深度，定性指标易于分析企业履责的广度。除指标对标外，鉴于社会责任的信息特征，通常，监督也可采用访谈、观察和其他评估行为与承诺的技术等主观方法，归纳梳理、专题专报，实现对社会责任工作的全流程监督。

（二）评审社会责任工作进展

如何判定企业社会责任工作是否落到实处，是能否对企业履责绩效产生正向反馈提升的重要课题。除了应对社会责任相关活动进行日常监管和监视外，组织还应采用适当的时间间隔法定期开展评审，以确定社会责任指标和目标的完成情况，以及识别方案和程序所需的改进。

自 2015 年以来，中国煤炭工业协会先后发布了《关于深入推进煤炭行业信用体系建设的指导意见》和《煤炭企业社会责任指南》，明确了中国煤炭企业履行社会责任的思路、目标、基本原则和重点任务。

企业可根据《煤炭企业社会责任指南》所提出的核心指标与议题，对企业履行社会责任工作做出比较；发布报告前，可向有关第三方评级机构申请报告评级，从权威机构获取更客观、科学的评审。

（三）加强社会责任绩效管理

随着人民的环境权益和社会责任意识逐渐增强，企业的社会责任绩效和经济效益受到政府和社会的重视。通过责任绩效考核，企业可以发现履行社会责任和提高效率的最佳时机，从而改善对利益相关者的资源配置，提高企业资源的使用效率，争取以最小的成本取得最大的收益。

煤炭企业是以消耗不可再生资源——煤为主的企业，属于资源型企业。国有大中型企业集团是其主体，它有着区别于其他行业企业的特殊性，故在构建煤炭企业绩效评价指标时，增设反映煤炭企业特点的可持续发展责任指标、环境责任指标，以及安全责任指标（产品安全和员工安全），有助于煤炭企业实施可持续发展战略[1]。

---

[1] 李洁. 煤炭企业社会责任绩效评价 [D]. 徐州：中国矿业大学，2014.

（四）改进绩效

企业社会责任绩效水平的提高离不开各种定量指标的改善。基于评审结果，企业应识别出对社会责任工作所需做出的改变，以纠正缺陷并带来社会责任绩效的改进。

煤炭企业在利益相关方、核心议题等方面具有企业特殊性，可聚焦于安全责任、可持续发展责任、环境责任和法律责任等方面的绩效改进[①]，在责任沟通的基础上，整合相关资源，积极开展社会责任培训、研讨等工作，以反馈问卷、组织调研等形式，不断修正、完善责任绩效体系，提高责任管理水平。同时，鼓励企业进行绩效融合，将实现社会责任具体目标与高级管理人员和经理的年度或定期业绩评审相挂钩。

---

① 李洁. 煤炭企业社会责任绩效评价 [D]. 徐州：中国矿业大学，2014.

第四章　煤炭行业社会责任报告编写

一、报告过程管理

作为社会责任管理体系中的重要专项工作，社会责任报告编制具有特殊和完整的流程，主要包括组织、策划、界定、启动、研究、撰写、发布、总结八项要素（见图4-1）。重视和加强流程管控，不断优化和做实报告编制过程，能够有效提升社会责任报告的质量。

第一步，组织：搭建起来源广泛、各司其职、稳定高效的组织体系，使社会责任报告编制工作顺利完成。

第二步，策划：对报告要达成的目标进行系统思考和精准定位，对报告编制工作进行统筹谋划和顶层设计，确保目标明确、步骤稳健、资源匹配。

第三步，界定：通过科学的工具和方法，在内外部利益相关方广泛参与基础上，确定企业重大性社会责任议题。

第四步，启动：召开社会责任报告编制启动会，进行前沿社会责任理论与实践培训，并就报告编制的思路、要求等进行沟通安排。

第五步，研究：通过案头分析、调研访谈和对标分析，对社会责任报告指标体系、撰写技巧和企业社会责任基础素材进行研究，为撰写奠定基础。

第六步，撰写：全面和有针对性地向总部职能部门和下属单位搜集企业履行社会责任的基础素材，完成报告内容撰写。

第七步，发布：报告编制完成后，通过一种或多种发布形式，一次或多次向社会公开报告，实现与利益相关方沟通。

第八步，总结：在广泛征集内外部利益相关方的意见基础上，以报告编制组为核心，组织报告复盘，对报告编制工作进行总结，并就报告编制过程中利益相关方给予的关注、意见和建议进行梳理和反馈，实现报告编制工作闭环的提升。

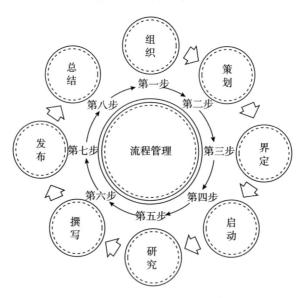

图 4-1　企业社会责任报告流程管理模型

资料来源：《中国企业社会责任报告编写指南》第 126 页。

（一）组织

1. 工作组组成原则

社会责任报告编制工作组是报告编制工作的责任主体，参与并主导报告编制的全过程。工作组的组成、运作水平将直接决定报告编制的效率与质量。工作组的组成应秉承以下原则：

（1）高层参与。企业管理层中，至少有一名成员深度参与报告编制工作，并担任工作组最高负责人。一是能更好地将社会责任报告与企业战略、文化和经营工作相结合，提升报告战略高度；二是能够更加有效地协调资源，克服报告编制过程中的困难和挑战，确保报告编制工作顺利推进。

（2）内外结合。外部专家拥有社会责任包括社会责任报告方面的专业知识，熟悉理论与实践发展的最新趋势，能够有效提升报告编制的规范性、技巧性和创新性；企业内部人员熟悉企业的发展战略、主营业务和管理经营，对报告的全方位把握更为精准，能够确保报告的准确性和契合度。内外结合组成联合工作组，能够产生"1+1>2"的效果。

（3）注重稳定。拥有稳定的团队才能保证工作的连续性。企业高层领导只有确保报告编制工作牵头部门的稳定，才能有稳定的核心团队。在组成工作组时，报告编制牵头部门也要将"稳定"作为选择内外部组成人员的重要技术原则与沟通要素，尤其是对内部各部门和下属单位的社会责任联络人的选择。企业应把"编制一本报告、锻炼一支队伍、培育一种文化"作为工作目标，这样既能确保报告质量，又能夯实履责基础。

案例：中煤能源设立社会责任管理团队

中煤能源设立社会责任管理团队，负责协调社会责任日常管理工作，包括编制年度社会责任报告、组织开展培训宣导、社会责任绩效指标收集、优秀社会责任实践案例征集与分享、社会责任实践活动的策划与实施等。

资料来源：《中煤能源 2020 年社会责任报告》第 10 页。

2. 工作组职责分工

社会责任报告编制工作组成员分为核心团队和协作团队两个层次。其中，核心团队包括企业高管、牵头部门和社会责任专家；协作团队包括总部各部门 CSR 联络员、下属单位 CSR 联络员。由于角色和重要性不同，在报告编制的不同阶段，工作组组成人员的分工和职责各异，如图 4-2 所示。

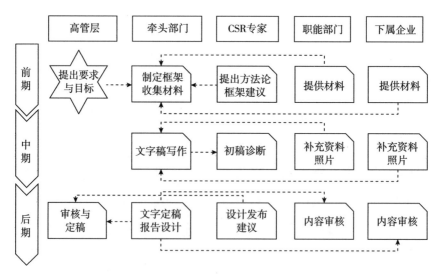

图 4-2　工作组成员与分工

资料来源：《中国企业社会责任报告编写指南》第 130 页。

3. 工作组运作机制

要构建一支能力突出、尽职高效的工作团队，并能有效发挥工作组的价值，必须不断完善运作机制，确保工作组成员在素材搜集、智力支持、沟通协调方面充分发挥主动性和创造性。具体来说，主要包括：

（1）专项会议。在报告编制的重要节点，如启动会、培训会、工作复盘等，召开专项会议（包括视频会），工作组全体成员参加，学习理论知识、研讨工作经验、协调具体事项，确保工作效果。

（2）日常沟通。工作组应广泛采用信息技术和互联网技术，构建形式多样的报告编制工作虚拟空间，满足材料共享、进度共知、事项协调、学习交流的工作要求，提升工作组成员之间的沟通可及性、频率和工作黏性。

（3）激励约束。对于态度积极、工作认真、贡献较大的工作组成员，报告编制过程中，使用的素材要尽量向其倾斜；报告编制结束后，组织专门评比，对其进行物质或精神奖励，提升工作组成员的积极性和认同感。

（二）策划

1. 明确功能定位

工作组成立后，报告编制工作拉开帷幕。对报告进行系统策划成为工作组面临的第一要务。但在策划报告前，企业必须先思考报告编制工作希望达成的目标，并分清主要目标和次要目标，进而对报告进行明确定位。在此基础上，才能有针对性地策划报告的内容、风格、流程、工作重点和资源匹配等问题。具体来说，企业对社会责任报告的定位主要包括以下类型：

（1）合规导向。以满足政府部门、资本市场、研究机构和社会公众等利益相关方对社会责任信息披露的基本要求为首要目标。此类报告的编制，重在信息披露的完整度与合规性，难在指标的搜集和统计计算，而对报告所承载的其他功能要求较少。

（2）品牌导向。以报告编制的过程宣传和报告编制完成后的沟通传播为首要目标。理想的路径是：对报告进行多层次、多维度、多视角的使用和传播，让利益相关方看得到、愿意看，看完之后记得住、说得出企业社会责任管理与实践的绩效，不断提升企业的品牌知名度和美誉度，并通过品牌价值的发挥促进企业可持续发展。

（3）管理导向。以发挥报告编制对促进责任管理的"牵引"作用为首要目标。理想的路径是：以报告编制为切入点，普及社会责任理念、工具和方法，打造社会责任战略和文化，发现企业经营管理过程中存在的不足，并通过将社会责任融入企业发展战略和日常经营来弥补短板，为企业植入责任 DNA，进而实现可持续发展。

对报告的不同定位，决定了报告编制的不同思路与方法，以及最终的成果展现。企业根据社会责任发展趋势和自身社会责任工作开展情况，先综合判断，明确企业社会责任报告基本定位，再去开展报告策划，以达到事半功倍的效果。

2. 报告短期策划

好的顶层设计是提升报告编制水平的重要保障。短期策划主要是对当年的社会责任报告，包括主题、框架、创新、时间等要素的策划，如表4-1所示。

表 4-1　报告短期策划要素详解

	意义	策划的要点	思路或案例
主题	主线串联 形散神聚	文化元素导入	借鉴或应用企业已有的愿景、使命、价值观构思报告主题，如华电煤业的报告主题为"创合无限，绿智深融"
		责任元素导入	借鉴或应用企业已有的社会责任理念或口号构思报告主题，如南方电网的报告主题为"万家灯火、南网情深"
		价值元素导入	紧贴经济、社会和行业发展需求，通过凸显企业价值主张构思报告主题，如神东煤炭的报告主题为"清洁能源 '煤'丽世界"
框架	提纲挈领 彰显特色	经典理论型	按照"三重底线"、"五大发展"、利益相关方等经典社会责任理论，完整借鉴或升级改造后，形成社会责任报告框架
		特色议题型	梳理出由企业特定的行业、定位、属性、发展阶段等要素决定的重大性社会责任议题，直接形成社会责任报告框架
		责任层次型	对企业所承担的社会责任进行重要性辨析，划分层级，形成框架，如中国电子"唯一性责任—第一性责任—之一性责任"；按照社会责任影响的范围与可及性构思报告框架，常见的有"企业—行业—社会—环境"及在此基础上的改进类型
		行动逻辑型	对企业履行社会责任的行动逻辑进行阶段切分，形成框架，常见的有"理念—战略—管理—实践—绩效"及在此基础上的改进类型
		功能划分型	为满足沟通、合规等不同功能要求，用上下或上中下篇来构思报告框架。如山西交控：上篇"美好出行，交控一路同行"；下篇"美好生活，交控一路相伴"
		主题延展型	用解读和延展报告主题内容构思报告框架。如SK中国：报告主题为"追求可持续的幸福"，框架为"幸福革新，共促可持续的卓越发展；幸福同伴，共赴可持续的非凡之旅；幸福承诺，共建可持续的温情社会"
		剑走偏锋型	按照充分发挥思维创意的原则，结合企业特有的战略、文化、行业属性、商业生态等要素，构思极具个性化的框架，凸显辨识度。如中国铝业用社会责任核心理念"点石成金 造福人类"作为框架首字
创新	匠心独具 提升质量	报告体例	各章节通过构思相同的内容板块、表达要素或行文风格，凸显报告的系统性和整体感，同时确保章节自身履责逻辑完整、连续、闭环，报告内容丰富、亮点突出。如陕西煤业各章用一"新"字串联：新征程、新动能、新作为、新生态、新时代
		报告内容	紧跟社会责任发展的宏观形势，立足国家改革发展的新政策、新要求、新方向，结合企业转型升级的重大战略，创新推出拳头产品服务及年度重大事件策划报告内容，确保战略性与引领性。同时，适时适当延伸，增强内容的知识性、趣味性

	意义	策划的要点	思路或案例
创新	匠心独具 提升质量	表达方式	应用多种表达方式，让报告更简洁、更感人、更悦读。常见的有将文字变为"一张图读懂……"；将常规案例变综合案例，把故事说深、说透、说动人；使用有冲击力、生动具象的图片等
时间	详细计划 统筹推进	时间分配	组织和策划、界定与启动、撰写与发布、总结与反馈等环节，一般按照15%、15%、60%、10%进行时间分配
		推进方式	报告周期大于6个月，按月制订推进计划；报告周期4~6个月，按周制订推进计划；报告周期小于3个月，按日制订推进计划
		效率提升	时间规划要预留出节假日、资料搜集、部门会签、领导审核等不可控因素，通过工作梳理实现相关流程和事项并行

3. 报告长期策划

报告长期策划体现了企业对报告编制工作的战略思考，是在更长的周期里，明确报告编制的目标、路径和支撑体系，具体包括报告体系、设计风格、管理制度等，如表4-2所示。

表4-2　报告长期策划要素详解

	意义	策划的要点	思路或案例
报告体系	系统披露 立体沟通	内容	从内容看，社会责任报告包括常规报告、专题报告、国别报告等。如中国华电：先后编制城市供热报告、分布式能源报告、应对气候变化报告等，组成了内容丰富的社会责任报告体系
		形态	从形态看，社会责任报告包括全版报告、简版报告、PDF 报告、H5报告、网页报告、视频报告等。纸质版报告和 PDF 报告是主要形态，H5 报告和视频报告渐成趋势
		周期	从周期看，社会责任报告包括年度报告、季度报告、专项报告、日常报告等，企业应根据沟通频率需求，确定报告周期组合

续表

	意义	策划的要点	思路或案例
设计风格	传承特色打造品牌	横向延续	一定周期内（3~5年），保持社会责任报告视觉风格和创意要素的一致性、渐进性，形成有辨识度的设计。如国家能源：近几年报告在统一视觉风格和设计元素下延展
		纵向一致	若下属单位编制社会责任报告，可根据需要统筹集团报告和下属单位报告设计风格，让全集团社会责任报告以统一形象展示
管理制度	建章立制夯实基础	建立制度	报告编制前或编制实践过程中，完善编制体制机制，以正式制度形式，对报告编制进行内容释义、流程固化和执行分工。如中国海油：发布《可持续发展报告编制管理细则》

（三）界定

1. 明确报告组织边界

报告的组织边界是指，与企业相关的哪些组织应纳入报告的披露范围。企业通常可以按照以下四个步骤确定报告的组织边界。

第一步：明确企业价值链。

企业按照上游、中游和下游特征明确企业价值链，在明确价值链的基础上，列出与企业有关的组织体名单。一般来说，企业价值链主要构成组织体包括：

上游：当地社区、供应商；

中游：员工、股东、商业伙伴、NGO、研究机构；

下游：分销商、零售商、顾客。

第二步：根据"控制力"和"影响力"二维矩阵明确报告要覆盖的组织体。

列出与企业有关的组织体名单后，企业应从"企业对组织体的控制力"和"组织体活动对企业的影响力"两个维度将组织体分为以下四类：A类、B类、C类、D类。其中，A类、B类和C类三类组织体应纳入报告覆盖范围，如图4-3所示。

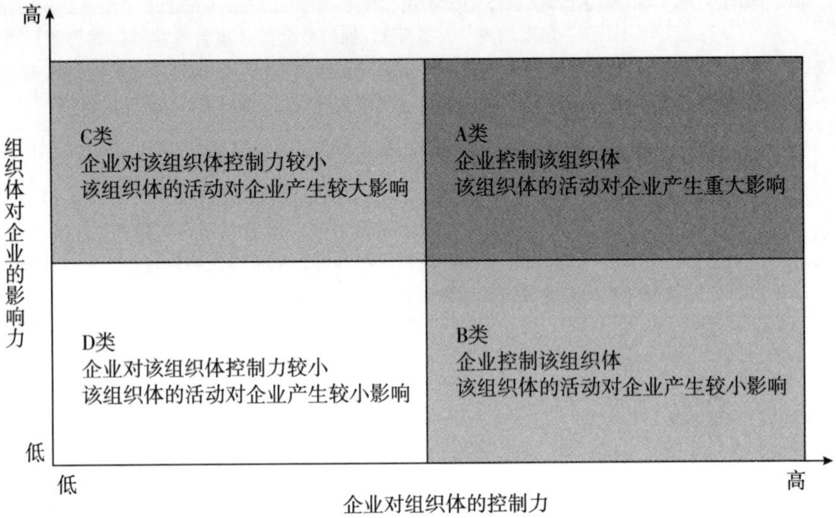

图4-3　界定报告范围原则

资料来源：《中国企业社会责任报告编写指南之电力生产》第149页。

第三步：确定披露深度。

在明确报告覆盖范围后，应针对不同类别明确不同组织体的披露深度：

> 对A类组织体：企业应披露对该组织体的战略和运营数据；

> 对B类组织体：企业应披露对该组织体的战略和管理方法；

> 对C类组织体：企业应披露对该组织体的政策和倡议。

第四步：制定披露计划。

在确定披露深度后，企业应根据运营和管理的实际对不同组织体制订相应的披露计划。

2. 界定实质性议题

实质性议题，即关键性议题，指可以对企业长期或短期运营绩效产生重大影响的决策或活动。企业可以按照以下三个步骤确定实质性议题。

第一步：议题识别。

议题识别的目的是通过对各种背景信息的分析，确定与企业社会责任活动相关的议题清单。在议题识别过程中需要分析的信息类别和信息来源如表4-3所示。

表4-3 议题识别的环境分析

信息类别	信息来源
企业战略或经营重点	企业经营目标、战略和政策 企业可持续发展战略和KPI 企业内部风险分析 企业财务报告等
报告政策或标准分析	社会责任报告相关的国际标准，如GRI Standards、ISO 26000：2010社会责任指南 政府部门关于社会责任报告的政策，如国务院国资委印发的《关于国有企业更好履行社会责任的指导意见》 深圳证券交易所、上海证券交易所、香港联合交易所对社会责任报告的披露邀请 其他组织发布的社会责任报告标准，如中国社会科学院经济学部企业社会责任研究中心发布的《中国企业社会责任报告编写指南》等
利益相关方分析	利益相关方调查 综合性的利益相关方对话、圆桌会议等 专题型利益相关方对话 利益相关方的反馈意见等 与行业协会的沟通和交流
宏观背景分析	国家政策 媒体关注点 公众意见调查 高校和研究机构出版的研究报告

第二步：议题排序。

在识别出社会责任议题后，企业应根据该议题从"对企业可持续发展的重要性"和"对利益相关方的重要性"两个维度进行实质性议题排序，如图4-4所示。

91

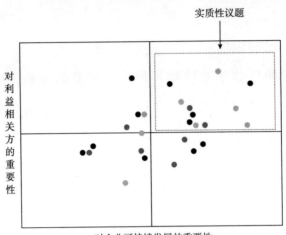

图 4-4　实质性议题筛选模型

资料来源：《中国企业社会责任报告编写指南》第 138 页。

第三步：议题审查。

在明确实质性议题清单之后，企业应将确立的实质性议题发送给内外部专家，征询其意见，并报高层管理者审批。

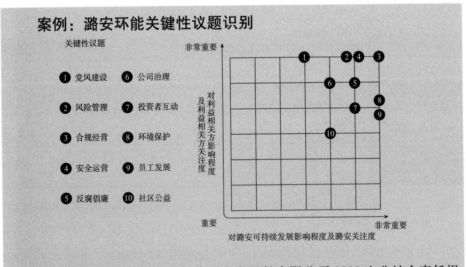

资料来源：《山西潞安环保能源开发股份有限公司 2020 企业社会责任报告》第 11 页。

（四）启动

1. 召开启动会

启动会是社会责任报告编制的重要环节和仪式，需要企业高层领导出席，报告编制工作组全体成员参加。启动会主要完成两项工作，即能力培训和工作部署。

（1）能力培训。在启动会上对全体人员进行培训。对于初次编写报告的企业，或是社会责任工作联络人以新接手员工为主的企业，应重点培训什么是社会责任和社会责任报告，为什么要履行社会责任和发布社会责任报告，如何履行社会责任和编制社会责任报告等。对于连续多年编写报告的企业，或是社会责任工作联络人以有经验员工为主的企业，应重点培训社会责任发展的宏观形势，企业社会责任理论与实践最新进展，社会环境热点议题发展现状等，普及并不断深化其对社会责任的认识。

（2）工作部署。在启动会上，企业要做详细工作部署。主要包括：

➢ 高层领导就企业履行社会责任和社会责任报告编制相关工作的重要性阐明立场，并明确工作的质量目标，统一思想；

➢ 牵头部门就社会责任报告编制思路和框架进行解读；

➢ 牵头部门就社会责任报告编制所需的各类素材要求进行说明和分工；

➢ 牵头部门就社会责任报告编制的时间进度进行说明，并明确关键时间节点。

2. 签发启动通知

随着社会责任报告编制工作的推进，一些领先的企业已经形成了稳定的团队、成熟的制度流程和高效的信息报送方法，通过现场会部署工作的必要性不再突出。与此同时，企业通过例行的内外部社会责任培训，建立了能力建设的有效机制，通过现场会进行能力培训的必要性也不再突出。因此，一些企业开始通过签发启动通知的方式来启动年度社会责任报告编制工作。通知要素包括：总体要求、组织及前期准备工作、编写内容要求、发布与传播要求、设计和咨询辅导等。

案例：京能电力《关于开展 2020 年度上市公司社会责任报告编制工作的通知》

京能电力为更好地完成公司 2020 年度社会责任报告编制工作，突出践行社会责任亮点，向各单位下发《关于开展 2020 年度上市公司社会责任报告编制工作的通知》，提前通知相关工作要求。

（五）研究

1. 研究内容

社会责任报告是规范、专业、展现企业价值的沟通工具。在报告撰写前，企业必须围绕"规范性""专业性"和"价值性"进行基础研究，搜集大量报告撰写所必备的素材和方法，这样才能够提升报告编写的质量和效率。研究的内容包括：

（1）指标体系。社会责任报告必须符合相关标准的规范性要求。企业可从权威性、针对性和操作性三个维度综合选择并确定自身参考的报告编写标准。然后对报告参考标准中的具体指标进行研究，并围绕指标准备素材。具备条件的企业，可以研发企业自身的社会责任报告指标体系，将指标固化、内化。指标研发遵循以下原则：

> 综合参用国内外权威标准的指标内容；

> 尽量结合企业已有的经营管理指标；

> 围绕主要业务板块策划企业特色指标；

> 区分定性指标和定量指标、短期指标和长期指标；

> 数量适中，每个指标都能有对应部门落地实施。

（2）工作亮点。工作亮点即企业在报告期内社会责任管理和实践领域的创新做法、突出成绩及典型案例，是企业经济、社会和环境价值的集中承载，是报告中需要着重突出的内容，梳理、总结和挖掘年度工作亮点意义重大。它涵盖责任管理、本质责任、市场责任、社会责任和环境责任等方面。梳理工作亮点秉承以下原则：

> 全人类共同关注和致力于解决的；

> 符合国家战略且取得成绩的；

> 有重大创新，引领行业甚至世界的；

> 有重大突破，显著弥补过往短板的；

> 形成了特色、体系和模式的；

> 具有高度社会、环境价值的。

（3）报告技巧。研究和采用丰富的报告编制技巧，能够显著提高社会责任报告出彩的概率。企业在编制报告过程中需要重点把握的编制技巧包括：

> 如何体现报告的前瞻性与引领性；

> 如何（建模）体现报告的理论性与系统性；

> 如何确定报告主题，并使主题成为主线；

> 如何搭建报告体例，并使体例成为暗线；

> 如何处理"简明扼要"与"生动表达"的关系；

> 如何处理"共性"与"个性"的关系；

> 如何处理"传承"与"创新"的关系；

> 如何处理"国际化"与"本土化"的关系；

> 如何提升报告的交互性；

> 如何与众不同。

2. 研究方法

为全面深入了解指标体系、工作亮点和报告技巧，企业可综合采用文献分析、调研访谈和对标研究方法。其中文献分析主要对应指标体系和工作亮点研究；调研访谈主要对应工作亮点研究；对标研究主要对应报告技巧研究。

（1）文献分析。研究报告指标时，参考文献主要包括社会责任国际主流标准、社会责任国内主流标准、政府部门和资本市场的社会责任政策要求、行业协会的社会责任倡议标准、其他研究机构的标准、企业自身经营管理指标等。研究工作亮点时，参考文献主要包括：

> 董事长、总经理重大会议讲话（如半年工作会、年度工作会）；

> 职能部室年度工作总结；

> 下属单位年度工作总结；

> 专题简报（如安全生产、绿色低碳、乡村振兴等）；

> 报纸、刊物；

> 企业志及其他内部出版物；

> 重要影像资料（如企业宣传片）；

> 其他。

（2）调研访谈。从报告编制的角度看，调研访谈的主要目的是挖掘企业年度社会责任工作亮点。除此之外，牵头部门也可利用调研访谈的机会，向被调研、被访谈单位和对象进行社会责任理念宣贯和社会责任工作意见征求等。调研访谈的对象包括企业高层领导、职能部室及下属单位、利益相关方。调研访谈纲要如表4-4所示。

表4-4　调研访谈纲要

对　象	纲　要
高层领导	社会责任面临的机遇和挑战 社会责任理念、愿景 社会责任战略和目标 社会责任重点工作 社会责任报告的定位和要求

对　象	纲　要
职能部室及下属单位	年度主要工作进展 相关责任议题实践情况 社会责任典型案例 对社会责任工作的意见建议 对社会责任报告的意见建议
利益相关方	相关方基本情况介绍 与之相关的企业责任实践具体情况 对企业社会责任工作的评价 对企业社会责任工作的期待 对企业社会责任报告的意见和建议

（3）对标研究。对标研究是社会科学中经常采用的方法。对标研究的关键在于选取对标对象和对标维度。社会责任报告的对标维度主要参考报告技巧的研究内容，如报告主题选取、框架搭建、体例设计、表达方式等。除此之外，企业在对标报告写作过程中，也可就相关企业的社会责任管理情况进行对标，为提升企业社会责任管理水平奠定基础。选取对标对象原则如下：

➢ 社会责任工作领先企业，如中国社会责任发展指数领先企业、入选道琼斯可持续发展指数（DJSI）企业等；

➢ 社会责任报告获奖企业，如社科院五星级报告、CRRA获奖报告企业等；

➢ 行业中影响力大的企业，如行业中规模前五企业；

➢ 国内与国外企业兼顾，适度侧重国内企业；

➢ 行业内与行业外企业兼顾，适度侧重行业内企业；

➢ 对标对象在精不在多，深度对标的企业数量控制在10家左右为宜。

（六）撰写

1. 确定撰写方式

根据社会责任发展的不同阶段和实际情况，企业可以采取两种报告撰写方式，即核心团队撰写（牵头部门+外部专家）和部门分工撰写，具体如表4-5所示。

表4-5　报告撰写方式

类别	释义	适合企业	关键要素	优点
核心团队撰写	以社会责任牵头部门和外部专家组成的核心团队为主，撰写社会责任报告。职能部室和下属单位负责提供素材和审核内容	起步期企业	深度挖掘素材精准语言表述	降低风险提高效率
部门分工撰写	以职能部门为主，按职能条线分工撰写社会责任报告。核心团队规定编制要求、制定版位表、开展培训和汇总统稿。下属单位向集团各职能部门分别提供相关素材支撑并审核内容	成熟期企业	稳定的人员精确的版位表高质量的培训强有力的管控	完善机制形成合力培育文化

2. 明确撰写流程

社会责任报告从初稿撰写到文字定稿，是多次修改完善、数易其稿的结果。从过程上看，包括：素材搜集→报告分工→初稿撰写→初稿研讨→素材补充→修改完善→报告统稿→部门会审→修改完善→领导审核→修改完善→文字定稿。

3. 搜集撰写素材

充足、有针对性的素材是报告质量的保证。企业在收集报告编写素材时可采用但不限于下发资料收集清单和开展研究。资料清单的要点如下：

➢ 针对不同部门和单位制作针对性清单；

➢ 内容包括定量数据、定性描述（制度、举措）、优秀案例、利益相关方评价、照片和影像等；

➢ 填报要求要清楚、翔实，如数据要规定年限，定性描述要规定描述的维度和字数；

➢ 优秀案例要规定案例的撰写要素和字数，图片要规定大小等；

➢ 有明确的填报时间要求；

➢ 明确答疑人员及其联系方式。

资料清单模板：××公司社会责任报告数据、资料需求清单

填报单位：

填报人：

审核人：

联系方式：

一、填报说明

二、数据指标

编号	指标	单位	2019 年	2020 年	2021 年	备注
1						
2						

三、文字材料

1. 公平雇佣的理念、制度及措施。

2. 员工培训管理体系。

……

四、图片及视频资料

1. 员工培训的图片。

2. 文体活动图片。

……

4. 贵部门认为能够体现我公司社会责任工作的其他材料、数据及图片

……

五、案例样章

……

（七）发布

1. 选择发布时间

为确保社会责任报告的时效性，原则上一般在每年 6 月 30 日前发布上一年度社会责任报告，但没有强制要求。自 2012 年起，中国煤炭工业协会于每年 5 月 12 日组织召开煤炭行业企业社会责任报告发布会。另外，资本市场对上市公司社会责任报告发布时间有一定要求，如上海证券交易所要求上市公司与年报同步发布社会责任报告，香港联合交易所要求自 2022 年 1 月 1 日起上市公司《环境、社会及管治报告》须与年报同步刊发。除此之外，企业可根据自身需要，灵活选择社会责任报告发布时间。发布时间结合公司重大纪念日或全球、国家的主题节日能够产生较为广泛的社会影响。

2. 确定发布方式

当前，社会责任报告最主要的发布方式有两种：第一是挂网发

布；第二是召开发布会。同时，企业还可根据需要进行重点发布，如表4-6所示。

表4-6 社会责任报告发布方式

类别	释义	优点	缺点
挂网发布	将定稿的电子版报告上传企业官网或以官微推送，供利益相关方下载阅读。这是报告最常见的发布形式	成本低 难度小	影响小
召开发布会	可分为专项发布会和嵌入式发布会。专项发布会即专门为发布报告筹备会议，邀请嘉宾和媒体参与；嵌入式发布会即将报告发布作为其他活动的一个环节，如企业半年工作会、企业开放日等	影响大	成本较高 工作量较大
重点发布	对于重要的利益相关方（高度关注企业或企业高度关注），将社会责任报告印刷版直接递送或将社会责任报告电子版或网站链接通过邮件推送	影响精准	需跟其他方式组织发布

3. 策划发布会

企业必须对发布会进行精心策划，才能达到理想的效果。通常包括嘉宾策划、材料策划、宣传策划、设计策划、会务策划等，如表4-7所示。

表4-7 发布会考虑因素

类别	释义
嘉宾策划	企业内外VIP嘉宾邀请，参会嘉宾邀请等
材料策划	议程、邀请函、领导讲话稿、主持词、流程PPT、现场展示材料等
宣传策划	媒体邀请、预热稿、新闻通稿、后期系列宣传稿等
设计策划	主视觉、现场展板、KT板、易拉宝等
会务策划	场地、礼仪、物料、餐饮、小礼品等

案例：国家电投举办"绿动未来"媒体日暨 2020 年社会责任报告发布会

2021 年 2 月 26 日，国家电投在北京举办"绿动未来"媒体日暨 2020 年社会责任报告发布会。国务院国资委科技创新和社会责任局领导应邀出席发布会并致辞。国家电投领导作主题报告。国务院国资委宣传工作局新闻处、中国社科院、中国社会责任百人论坛、中国企业评价协会等单位领导应邀出席发布会。人民日报、新华社、中央电视台等 26 家国内主流媒体和行业媒体记者参加发布会。

会上，国家电投发布 2020 年社会责任报告，主要聚焦国家电投绿色发展、创新发展、智慧发展和共享发展等情况，重点突出清洁低碳发展、"三新"产业和扶贫攻坚成效等。国家电投相关部门及相关二级单位负责人就"绿电交通"优势和布局、氢能、储能、综合智慧能源发展和能源工业互联网建设等方面回答了记者提问。

（八）总结

1. 准备复盘材料

对报告编制的全过程进行回顾，对报告预设目标的达成情况进行评估，对内容和形式上的创新与不足进行总结。复盘既是报告编制流程管理的必要环节，也是循环提升报告编制质量的有效方式。复盘材料包括但不限于以下内容：

➢ 报告编制全流程工作回顾；

➢ 报告的主要创新点；

➢ 报告取得的成绩；

➢ 报告编制存在的不足（包括流程控制、沟通协调、内容形式、沟通传播等）；

➢ 下一年报告编制工作的初步设想；

➢ 下一年社会责任整体工作的初步设想。

2. 召开复盘会议

复盘材料准备完毕后，择机召开报告复盘会。在组织复盘会时应注意考虑以下因素：

➢ 复盘会时间：原则上报告发布 1 个月内。

➢ 复盘会参与人员：核心团队（牵头部门+外部专家）必须参加；高层领导原则参加；工作组其他人员（职能部室、下属单位、利益相关方）建议参加。

➢ 复盘会形式：工作负责人主题发言+参会人员充分讨论。

➢ 复盘会结果：形成会议总结和工作决议。

3. 反馈复盘结果

在报告编制复盘会后，企业应向外部利益相关方和内部相关职能部室和下属单位进行反馈。反馈的主要形式包括但不限于会议、邮件、通信等。反馈的内容主要是本次报告对内外部利益相关方期望的回应、报告编制工作的得失、未来社会责任报告编制及社会责任整体工作的行动计划。

二、报告价值管理

（一）价值生态

1. 价值类型

综合当前社会各界对社会责任报告的价值研究及社会责任发展的最新趋势和特点，社会责任报告的价值归纳起来可以分成四类，即"防风险"价值、"强管理"价值、"促经营"价值和"塑品牌"价值。

➤"防风险"指通过编制和发布社会责任报告，满足政府、行业协会、资本市场、研究机构、社会组织、新闻媒体等利益相关方对于企业信息披露的强制、半强制或倡导性要求，避免"合规风险"和"声誉风险"。

➤"强管理"指通过编制和发布社会责任报告，在全流程工作推进过程中提升责任管理水平（以编促管）；同时，在宣贯理念、发现短板、解决问题过程中强化基础管理水平，进而促进企业持续、健康发展。

➤"促经营"指通过编制和发布社会责任报告，一方面为资本市场的研究、评级机构提供充分信息，获得资本市场好评，提升投融资能力和效率；另一方面，通过对重点项目、重点产品社会环境影响的梳理，提升其影响力。

➤"塑品牌"指通过编制和发布社会责任报告，传递企业社会责任理念、愿景、价值观，以及履责行为和绩效，展现企业负责任形象，提升品牌美誉度。

2. 价值机制

社会责任报告回应了谁、影响了谁、改变了谁是讨论社会责任报告价值的基础。社会责任报告的价值可以通过重点回应、过程参与和影响传播三种方式来体现。

➢ 重点回应。社会责任报告有两个鲜明属性：第一，是企业社会责任管理的重要抓手，它被理解为企业关注和开展社会责任工作的象征性"动作"；第二，是企业披露社会环境信息，与利益相关方沟通的重要工具和载体。随着社会责任运动的持续推动，政府部门、资本市场、行业协会等强势利益相关方推动企业履行社会责任、披露社会环境信息，发布社会责任报告，可以有效回应这些要求。

➢ 过程参与。参与是社会责任的题中之义。如社会责任报告流程管理章节所述，在编制社会责任报告的过程中，有八个重要环节。让各种类型的利益相关方在适当的环节参与社会责任报告编制过程，能够实现以报告"为表"，以社会责任管理与实践"为里"的沟通交流，让利益相关方更加了解企业、理解企业和支持企业。

➢ 影响传播。从技术上讲，企业需要重点回应的利益相关方和能够参与到社会责任报告编制流程的利益相关方只占少数。面对广大的社会公众群体，只有畅通报告的到达渠道，提升报告的可及性、趣味性和交互性，才能让更多的利益相关方知晓企业的经营管理情况和社会责任履行情况，最大程度地做到"润物细无声"。

3. 价值媒介

社会责任报告是内容和过程的载体。社会责任报告要发挥其价值，必须以利益相关方为媒介。在社会责任领域，利益相关方指受企业经营影响或可以影响企业经营的组织或个人。企业的利益相关方通常包括投资者、顾客、合作伙伴、政府、员工、社区、NGO、媒体等。广义上讲，这些也是社会责任报告的主要利益相关方。

　　由于利益相关方较多，企业无论通过哪种方式来发挥社会责任报告价值，都应该首先按照主动沟通意向和被动沟通频率进行关键利益相关方识别：

　　➤ 对企业具有"高意向高频率""中意向高频率""高意向中频率"和"中意向中频率"的利益相关方，企业在重点回应、过程参与和影响传播时重点关注。

　　➤ 对企业具有"高意向低频率"和"低意向高频率"的利益相关方，企业在重点回应、过程参与和影响传播时争取给予关注。

　　➤ 对其他利益相关方，企业重点做好后端的影响传播工作。如图4-5所示。

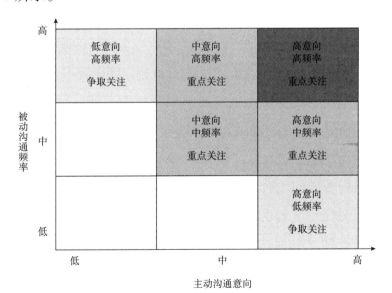

图 4-5　利益相关方筛选原则

资料来源：《中国企业社会责任报告编写指南（CASS-CSR4.0）》第 156 页。

从社会责任报告的实际出发，报告的利益相关方还可划分为内部利益相关方和外部利益相关方。根据其与社会责任报告联系的紧密程度（重要性），内部利益相关方依次包括主要领导、职能部门及下属企业社会责任联络人、普通员工；外部利益相关方依次包括社会责任监管部门、社会责任专业机构及专家学者和社会公众。

（二）重点回应

重点回应，是指针对社会责任工作的政策制定者、理论研究者、舆论引导者等强势利益相关方，将编制社会责任报告的意愿、过程或结果与之进行专门交流，回应其要求。

1. 回应政府部门

政府部门的大力推动是中国企业社会责任快速发展的重要原因，也是现阶段中国企业社会责任发展的重要特征。当前，国务院国资委、工业和信息化部、生态环保部、国家工商总局、国家乡村振兴局、中国银保监会等政府部门都出台了有关企业社会责任的政策规定和相关指引，在广义社会责任或其专门领域对企业提出明确要求。

报告对政府部门的重点回应可从以下方面开展：

➢ 以积极的态度推进社会责任报告编制和发布工作，彰显责任担当；

➢ 参照相关部门出台的社会责任政策、指引和规定；

➢ 就相关部门主管的、全社会广泛关注的、企业积极践行的重要社会责任议题（如脱贫攻坚、生态文明、"一带一路"等）进行重点阐述或发布专项报告。

2. 回应资本市场

经过十年酝酿发展，社会责任投资（SRI）在我国取得重大突破。中国证监会、中国上市公司协会、中国证券投资基金业协会等机构研究论证了ESG投资与企业长期收益之间的正相关关系，并开始有针对性地研究制定机构投资者ESG投资指引和上市公司社会责任信息披露要求。2017年6月，A股闯关美国指数编制公司明晟（MSCI）指数成功，我国上市公司社会责任信息披露的重要性进一步提升。而在海外上市的中国企业，已经并将继续面临更加严格的社会责任及信息披露要求。

近年来，国内交易所针对A股上市公司ESG信息披露采取了重要措施，ESG信息披露正在从"自愿披露"向"强制披露"过渡。2015年，香港联合交易所发布《环境、社会及管治报告指引》，将社会责任信息披露要求提升为"不披露就解释"。2019年12月18日，香港联合交易所正式发布第三版的《ESG报告指引》，新版《指引》更侧重披露后的管理和治理；另外，部分半强制（"不遵守则解释"）披露指标升级为强制披露指标。2020年9月4日，深圳证券交易所发布《深圳证券交易所上市公司信息披露工作考核办法（2020年修订）》，其中新增了第十六条"履行社会责任的披露情况"，并首次提到ESG披露，将其加入考核范围。2020年9月25日，上海证券交易所制定并发布了《上海证券交易所科创板上市公司自律监管规则适用指引第2号——自愿信息披露》，并开始实施，新指引目的在于鼓励和规范科创板上市公司自愿进行信息披露，提高信息披露的质量。

报告对资本市场的重点回应可从以下方面开展：

➤ 按照资本市场主管部门要求，主动发布社会责任报告；

➤ 根据证券交易所的要求，按时编制发布社会责任报告；

➢ 按照资本市场相关标准和指引，规范披露社会、环境信息；

➢ 接受资本市场相关主体对社会责任报告披露信息的质询。

3. 回应行业协会

行业协会对企业社会责任的推动是当前我国企业社会责任发展的另一个重要的动力和特征。中国工业经济联合会、中国银行业协会、中国汽车工业协会、中国纺织工业联合会、中国煤炭工业协会、中国建材联合会、中国通信企业协会、中国旅游饭店业协会、中国林产工业协会、中国期货业协会等诸多行业协会在推动相关企业履行社会责任的过程中扮演了重要的角色，并取得重要成绩。

报告对行业协会的重点回应可从以下方面开展：

➢ 支持和参与行业协会社会责任报告编制；

➢ 按照行业协会社会责任标准和指引编制社会责任报告；

➢ 参与行业协会社会责任报告相关的评级评价；

➢ 参与行业社会责任报告相关的会议和论坛；

➢ 参与行业协会社会责任报告集中发布。

4. 回应科研机构

近年来，全球范围内的社会责任运动得到了学术界的广泛关注。当前，科研院所广泛设置社会责任研究机构、开设社会责任相关课程、发布社会责任研究成果，成为支撑我国企业社会责任发展的理论高地。比如，中国社科院经济学部企业社会责任研究中心自 2008 年成立以来，在社科院开设了 MBA 社会责任必修课，组织开展了"分享责任——公益讲堂"和"分享责任——首席责任官"培训；连续 13 年发布《企业社会责任蓝皮书》，成为国内外利益相关方了解中国企业社会责任发展现状的一扇窗口。

报告对科研机构的重点回应可从以下方面开展：

> 按照科研机构的标准和指引编制社会责任报告；

> 按照外部机构的意见和建议编制社会责任报告；

> 参与科研机构社会责任报告评级评价；

> 参与科研机构组织的社会责任报告相关会议和论坛；

> 在科研机构的教育教学和培训活动中分享社会责任报告；

> 与科研机构合作开展社会责任报告标准、指南的研发。

5. 回应新闻媒体

在互联网技术高速发展的今天，新闻媒体的推动和监督是企业社会责任发展的重要力量。如新华网、人民网、中国新闻社、南方周末、公益时报等主流媒体，每年会发布社会责任研究成果，召开社会责任峰会并评选社会责任先进个人、企业和项目等，数量多、规模大、影响广，是企业社会责任领域的重要参与者。

报告对新闻媒体的重点回应可从以下方面开展：

> 邀请媒体参加社会责任报告发布会；

> 参与新闻媒体组织的社会责任报告相关会议和论坛；

> 与媒体联合举办社会责任报告交流活动。

（三）过程参与

过程参与，是指在社会责任报告编制的全生命周期，通过多种方式，让利益相关方参与到报告编制的过程中，实现以报告"为表"、以社会责任工作"为里"的沟通交流。

> 了解利益相关方期望，在社会责任报告中进行针对性回应；

> 发挥利益相关方优势（智力、技术等），解决报告编写过程中

的困难和挑战；

➤ 传播企业社会责任理念、战略、文化，改变和提升利益相关方对企业的认识；

➤ 沟通企业社会责任工作的困难和不足，征得利益相关方的谅解和支持；

➤ 通过在报告编写过程中建立双方信任基础，影响利益相关方的观点和决策。

1. 内部参与

与社会责任报告相关的内部利益相关方包括高层领导、职能部门和下属单位的社会责任联络人及普通员工。

（1）高层领导参与。企业社会责任被称为"一把手工程"，在编制社会责任报告的过程中，高层领导的参与十分重要。第一，高层领导的参与可以被理解为企业对社会责任报告编制的重视，便于社会责任部门在报告编制过程中更好地去整合各种资源，提升工作效率；第二，高层领导参与报告编制过程，通过与各利益相关方的交流，能够提升其对社会责任工作及社会责任报告编制重要性的认识程度，便于企业在经营管理的过程中给予社会责任更多的重视，从而实现社会责任的战略价值；第三，高层领导参与社会责任报告编制过程，能够发现企业在经营管理方面的缺失和不足，促使企业有针对性地加强在各个责任领域的管理，提升企业管理水平，从而达到"以报告促管理"的目的。

高层领导参与报告编制的途径主要包括：

➤ 参加报告启动会及培训会；

➤ 接受报告编写小组的访谈；

➢ 填写利益相关方调查问卷；

➢ 为报告撰写卷首语或致辞；

➢ 审核报告并定稿；

➢ 参与报告发布。

案例：中国神华董事会参与公司 ESG 报告编制

中国神华董事会是公司 ESG 事宜的最高负责及决策机构，对公司的 ESG 策略及汇报承担全部责任。基于外部社会经济环境和公司发展战略，董事会定期审阅 ESG 重大性议题，讨论并确定公司 ESG 风险与机遇，将重点议题的管理与提升作为 ESG 年度战略工作，并将其作为公司整体战略制定的一部分加以考虑，监督议题管理与绩效表现。

2020 年，中国神华编制《环境、社会责任和公司治理报告》，报告详尽披露了中国神华 2020 年 ESG 工作的进展与成效，并于 2021 年 3 月 26 日经由第五届董事会第六次会议审议通过。中国神华董事会及全体董事保证本报告内容不存在任何虚假记载、误导性陈述或重大遗漏，并对其内容的真实性、准确性和完整性承担个别及连带责任。

资料来源：中国神华 2020 年《环境、社会责任和公司治理报告》第 6 页。

（2）社会责任联络人参与。社会责任报告撰写，离不开各部门、下属单位的配合与支持。分散在各部门、下属单位的社会责任联络人，既可以提供报告编写所需的各类素材，确保报告内容的准确性，并参与到社会责任报告的编制工作中，也能够提升其社会责任认识和水平，成为企业内部的责任火种，为责任管理与实践的推动、责任文化的建设奠定重要基础。

社会责任联络人参与报告编制的途径主要包括：

➢ 参加报告启动会及培训会；

➢ 按照要求为社会责任报告提供素材；

➢ 撰写社会责任报告的相关内容；

➢ 填写利益相关方调查问卷；

➢ 参与报告相关内容的网络投票；

➢ 参与报告重大节点的讨论；

➢ 参与报告发布；

➢ 参与报告复盘；

➢ 反馈报告意见。

案例："煤炭行业社会责任报告编写培训班暨交流研讨会"在海口举办

2021 年 4 月 1 日，"煤炭行业社会责任报告编写培训班暨交流研讨会"在海南海口成功举办。中国煤炭工业协会领导参会并总结讲话，国家能源集团、陕煤集团、兖州煤业、伊泰集团相关负责人参会并分享社会责任管理和实践经验，中国社科院教授、中国社会责任百人论坛和责任云研究院专家出席授课。来自全国各省相关单位的同志参加会议，共同研讨进一步推进煤炭企业履行社会责任工作方向。

（3）普通员工参与。广大企业员工是社会责任最庞大的内部利益相关方。以一定的方式，调动他们参与社会责任报告的编制过程，既能提升企业内部对社会责任报告的认同度，又能真正培育负责任的企业文化，增强企业的责任凝聚力和自豪感。

普通员工参与报告编制的途径主要包括：

➢ 填写利益相关方调查问卷；

➢ 参与报告相关内容的网络投票；

➢ 参与报告发布；

➢ 反馈报告意见。

案例：中国松下社会责任报告内览会

《中国松下社会责任报告》是松下集团与利益相关方沟通的重要工具。为了让松下集团的员工能够了解集团上一年度在经济、社会和环境等方面的履责情况及报告书本身，并且能够更好地利用报告书与外界交流沟通，松下中国在每年报告书发布后会举办"中国松下社会责任报告内览会"。在"在华企业"集中的据点，采用开放式的会场，张贴展示重点内容的海报，与来到现场的员工进行充分的交流并听取员工对于报告书的需求和意见建议。

2. 外部参与

与社会责任报告相关的外部重要利益相关方包括外部专家、社会责任监管部门和普通读者。

（1）外部专家参与。社会责任专家是社会责任的研究者和推动者。外部专家参与社会责任报告编制过程，能够有效提升社会责任报告的质量和社会责任报告编制工作的效率；与此同时，社会责任专家对于社会责任报告的趋势和编制技巧有深入研究和丰富实践，能够为企业带来最新的外部知识；最后，外部专家在开展社会责任研究和交流的过程中，可以把企业社会责任报告的亮点进行展示和传播，提升企业社会责任报告的影响力。

外部专家参与报告编制的途径主要包括：

➢ 与企业组成联合项目组；

➢ 担任报告顾问；

➢ 接受报告编制组访谈；

➢ 填写利益相关方调查问卷；

➢ 参与报告研讨；

➢ 参与报告发布；

➢ 对报告进行点评。

案例：徐矿集团关于中国煤炭工业协会、责任云研究院联合课题组就社会责任开展调研

2021 年，中国煤炭工业协会联合责任云研究院开展煤炭企业社会责任建设情况调研，交流煤炭企业社会责任管理与实践经验，促进煤炭行业社会责任交流与合作。2021 年 3 月 17 日调研座谈会上，徐矿集团领导介绍了徐矿集团近年来在产业转型、员工责任、乡村振兴、民生福祉、企地协同发展、采煤塌陷区生态治理等方面取得的成绩，展现了徐矿集团社会责任发展所取得的新进展、新成效。

（2）社会责任监管部门参与。社会责任监管部门是政策和标准的制定者。在社会责任报告编制的过程中，尽可能邀请社会责任监管部门人员参加，可以起到重点沟通、精准影响的作用，进而显著提升社会责任报告的价值。

社会责任监管部门参与报告编制的途径主要包括：

➤ 报告撰写过程中，邀请主管部门人员接受调研访谈；

➤ 报告撰写过程中，邀请主管部门人员参与报告研讨；

➤ 报告撰写完成后，邀请主管部门人员进行报告点评；

➤ 报告撰写完成后，邀请主管部门人员参加报告发布会；

➤ 报告撰写完成后，向主管部门寄送社会责任报告并汇报报告编制情况。

（3）普通读者参与。如何摆脱社会责任报告"写谁谁看"和"谁写谁看"的窘境，让普通读者愿意读报告，让其参与报告编制过程是重要的途径。普通读者参与报告的编制过程，不仅能够提升报告回应社会环境问题的准确性，提升报告的影响力，也能够树立企业负责任的品牌形象，让社会公众更加了解和支持企业的经营发展。

普通读者参与报告编制的途径主要包括：

➤ 填写利益相关方调查问卷；

➤ 参与报告相关内容的投票；

➤ 反馈报告意见；

➤ 参与报告相关的策划活动。

3. 参与矩阵

全生命周期参与矩阵见表4-8。

表 4-8　全生命周期参与矩阵

	参与主体	参与方式
组织	高层领导 外部专家 牵头部门 社会责任联络人	成立联合工作组
策划	高层领导 外部专家 牵头部门	成立联合工作组 专题小组
界定	原则上全体利益相关方	问卷调查 意见征求会
启动	高层领导 外部专家 牵头部门 社会责任联络人	启动暨研讨会
研究	外部专家 牵头部门	成立联合工作组
撰写	高层领导 外部专家 牵头部门 职能部门 下属单位	问卷调查 调研访谈 意见征求会 研讨会
发布	原则上全体利益相关方	发布会

（四）影响传播

社会责任报告编制完成后，让其尽量广泛地影响利益相关方，是发挥报告价值的重要手段。如何让报告为社会公众所了解，可以从创新形式、增加交互、拓展渠道三个维度着手。

1. 创新形式

创新形式指对传统的社会责任报告进行"二次开发"，将常规报告转化为更加容易阅读的形式，满足现代社会人们的阅读习惯和阅读偏好。

（1）简版报告。在常规报告基础上，对各章节的重点、亮点内容进行筛选、组合与提炼。形成 10 页左右的精要内容，并进行重新设计、排版，让报告更加便携、易读。或是按照联合国全球契约组织的倡导，编制只披露社会责任年度工作进展的 COP 报告。

案例：中国石化可持续发展进展报告

为更好回应利益相关方需求，中国石化主动对报告编制进行创新，自 2012 年起发布年度可持续发展进展报告。可持续发展进展报告的内容包括：由公司高层管理人员发表的将继续支持全球契约的声明；对公司在执行全球契约十项原则时所采取的实际行动的描述以及对公司现有或预期成果的衡量。COP 报告侧重披露公司在报告期内的可持续发展工作进展，章节体例简练，易读易懂。

（2）图片报告。在传统报告基础上，按照"简版报告"的制作方式，对重点和亮点内容进行提炼。并在此基础上，按照"一张图"读懂的方式，对内容进行设计排版，形成图片报告。与简版报告相比，图片报告更为"简洁"，阅读性更好，但对文字提炼和设计排版的要求高。近年来，"一张图读懂报告"已经被很多企业尝试使用，比如中国华电、中国电信等。

案例：《中国华电 2020 可持续发展报告》《中国电信 2020 社会责任报告》

《中国华电 2020 可持续发展报告》　　　《中国电信 2020 社会责任报告》

（3）H5 报告。应用最新的第 5 代 HTML 技术，将传统的纸质报告或 PDF 报告，转换成为适合通过手机微信展示、分享的报告，可以集文字、图片、音乐、视频、链接等多种形式于一体。随着数量的增多，提升 H5 页面的制作效果，增加互动性和趣味性成为 H5 报告的新趋势。

（4）视频报告。视频报告是把社会责任的主要内容制作成以动画为主的视频形式。视频以清晰的脉络、生动的表达、简短的时间把企业履行社会责任的理念、管理、实践和绩效呈现在利益相关方面前，更具沟通性。视频报告使用环境灵活、沟通效果突出，已成为企业社会责任报告形式创新的重要方向。

（5）宣传文章。以报告为基本素材，组织和策划系列宣传文章，在传统媒体、新媒体和自媒体上进行投放，提升社会责任报告的影响力。

2. 增加交互

现代社会，人们被海量信息包围。一件事物要想吸引大众注意，必须具备两个条件：第一是互动性，第二是趣味性。归根到底，就是要提升交互性。社会责任报告也是如此。

（1）增强互动性。企业社会责任报告是一个综合信息载体。精准找到报告与每一类利益相关方的强关联性，就能有效激发利益相关方阅读报告的热情，进而提升社会责任报告的影响传播范围。

案例：蒙牛 H5 报告增强员工互动

H5 版本《蒙牛可持续发展报告 2016》，独创互动环节——"测测我的蒙牛 DNA"，读者在阅读完 H5 报告后进行简单答题，即可生成一个个人独有的"蒙牛 DNA"分析报告并可分享至微信朋友圈。分析报告记录了员工的入职时间，并结合前卫的网络语言，总结了员工的性格特质。报告发布后，因为互动环节的设置，吸引了近 3 万员工参与。

（2）增强趣味性。无论何种形式的报告，"好玩"都是公众愿意去阅读的重要前提。企业应该努力将社会责任报告与人们生活中喜闻乐见的事物相结合，让读者在愉快的氛围下阅读报告。

案例：兵器工业集团将《兵器腾飞棋》与社会责任报告相融合

《报告》以"国防"和"科技"为主题，继续采用"1+X"主报告（公众版）+分报告（专题报告）联合发布方式。公众版主报告以"履行国家安全责任"为核心，聚焦珠海航展年度案例以及一张图读懂兵器"十三五"规划等专题案例，全面展示兵器工业集团在履行国家安全责任、经济责任、社会责任、环境责任等方面的主要履责亮点。科技版分报告按照"科技领先　创新未来"的理念，突出表现该公司在科技创新方面的主要成就与改革举措，并创意设计桌游《兵器腾飞棋》，通过寓教于乐的互动方式，让阅读者在轻松的氛围中走近兵器工业集团，提升了沟通效果。

3. 拓展渠道

报告要影响到利益相关方，必须通过一定渠道。除了编写过程中经常使用的"报告专家意见征求会"和"报告发布会"等渠道外，拓展报告传播渠道的方式还有巧借平台、参与评级、建立网站、制作报告相关产品和在工作中使用报告等。

（1）巧借平台。借用不同平台发布社会责任报告是提升报告影响力的有效途径。包含以下方式：第一，借用内部平台，在企业重大活动中开辟专门环节发布社会责任报告。如一些企业在半年工作会上发布报告，一些企业在公司纪念日活动上发布报告等。第二，借用外部平台，通过参与大型企业社会责任会议和论坛，多次发布企业社会责任报告。

案例：中国煤炭工业协会组织召开 2021 年煤炭行业企业社会责任报告发布会

2021 年 5 月 12 日，中国煤炭工业协会在京组织召开 2021 年煤炭行业企业社会责任报告发布会。煤炭行业企业社会责任报告发布会自 2012 年起已连续举办十届，累计共有 208 家（次）行业企业通过这个平台发布社会责任报告。本届发布会上，国家能源集团、中煤能源集团、华电煤业集团、中国铁建重工集团、内蒙古伊泰集团、中煤新集能源股份有限公司等 32 家煤炭企业发布了社会责任报告，系统反映了煤炭企业在推进社会责任管理中的实践探索，也充分彰显了煤炭行业在经济社会发展中的责任担当。

（2）参与评级。当前，国内关于社会责任报告评级时间最长、专业性最高、影响力最大的是中国社科院经济学部企业社会责任研究中心自 2010 年以来组织开展的"中国企业社会责任报告评级"。

目前，该评级已形成了评级报告、评级档案、评级证书、评级网站、报告白皮书五位一体成果体系，在研究、交流、展示过程中对评级企业的社会责任报告进行系统传播。

（3）建立网站。以企业社会责任报告的框架、内容为蓝本，并辅之以不同形态的社会责任报告版本，建设社会责任报告专门网站，将线下报告线上化，拓展报告传播渠道，提升报告影响力。

案例：国家电网社会责任报告网页

国家电网有限公司在企业官方网站社会责任专栏下设置报告专栏，整合放置了历年《企业社会责任报告》及《环境保护报告》《服务地方经济发展报告》《可持续发展贡献报告》等专项报告。将报告分类型、分板块线上化，构建了年度报告的系统生态，便于读者快速查找、阅读。同时，设置全面社会责任管理专栏和社会责任根植、示范基地专栏，整合责任管理相关动态信息，全方位展示社会责任管理理论与实践成果，完整展现国家电网社会责任管理探索进程的深度与广度。

（4）制作报告相关产品。将报告内容巧妙附加在有使用价值的日常办公和交流材料（如笔记本、U盘）上，以此提升社会责任报告的可及性和影响频次。

（5）在工作中使用报告。推动报告的使用，包括：第一，用社会责任报告替代部分企业宣传册的功能；第二，向各部门、下属单位发放社会责任报告，倡导其在对外交流合作中使用社会责任报告、传播负责任的企业形象；第三，在公共空间放置社会责任报告，供利益相关方取阅等。

三、报告质量标准

（一）内容标准

1. 实质性

（1）定义。实质性是指报告披露企业可持续发展的关键议题以及企业运营对利益相关方的重大影响。利益相关方和企业管理者可根据实质性信息做出充分判断及决策，并采取可以影响企业绩效的行动。

（2）解读。企业社会责任议题的重要性和关键性受到企业经营特征的影响。具体来说，企业社会责任报告披露内容的实质性由企业所属行业、企业性质、经营环境和企业的关键利益相关方等决定。

（3）评估方式。

➢ 内部视角：报告议题与企业经营战略的契合度。

➢ 外部视角：①报告议题是否关注了重大社会环境问题。②报告议题是否回应了利益相关方的关注点。

案例：华电煤业聚焦实质性议题

《华电煤业 2020 年度可持续发展报告》在编写过程中注重实质性议题的披露，报告开篇设置党建、抗疫两大责任专题，紧密贴合报告所披露年度的时事热点与国家战略，主体部分分为"务本求实谱新篇""砥砺奋进启新程""笃行创新开新局""聚善和谐呈新元"四大章节，从多角度、全方位的层面展现华电煤业的本质责任和特色实践。

2. 完整性

（1）定义。完整性是指社会责任报告所涉及的内容较全面地反映企业对经济、社会和环境的重大影响，利益相关方可以根据社会责任报告知晓企业在报告期间履行社会责任的理念、制度、措施及绩效。

（2）解读。完整性从两个方面对企业社会责任报告的内容进行考察：一是责任领域的完整性，即是否涵盖了责任管理、经济责任、社会责任和环境责任；二是披露方式的完整性，即是否包含了履行社会责任的理念、制度、措施及绩效。

（3）评估方式。

➢ 标准分析：是否满足了报告标准的披露要求；

➢ 内部运营重点：是否与企业战略和内部运营重点领域相吻合；

➢ 外部相关方关注点：是否回应了利益相关方的期望。

案例：国家能源集团披露了93.66%的核心指标

《国家能源集团2020年社会责任报告》从"创一流 天博而致广大""树一流 地厚而尽精微""聚一流 人和而从善理"等角度，系统披露了所在行业核心指标的93.66%，完整性表现卓越。

3. 平衡性

（1）定义。平衡性是指企业社会责任报告应中肯、客观地披露企业在报告期内的正面信息和负面信息，以确保利益相关方可以对企业的整体业绩进行准确的评价。

（2）解读。平衡性要求是为了避免企业在编写报告的过程中对企业的经济、社会、环境消极影响或损害的故意性遗漏，影响利益相关方对企业社会责任实践与绩效判断。

（3）评估方式。考察企业在社会责任报告中是否披露了实质性的负面信息。如果企业在社会责任报告中未披露任何负面信息，或者社会已知晓的重大负面信息在社会责任报告中未进行披露和回应，则违背了平衡性原则。

案例：中国建材集团重视负面信息披露

《中国建材集团有限公司 2020 可持续发展报告》披露了"员工流失率""可记录千人工伤事故""职业病新发病例""年度因泄露客户信息而受到的实质性投诉次数""年度受到境外政府行政处罚数量"等负面数据，并简述下属企业环境违法违规问题排查及整改情况，平衡性表现卓越。

4. 可比性

（1）定义。可比性是指报告对信息的披露应有助于利益相关方对企业的责任表现进行分析和比较。

（2）解读。可比性体现在两个方面：纵向可比与横向可比，即企业在披露相关责任议题的绩效水平时既要披露企业历史绩效，又要披露同行绩效。

（3）评估方式。考察企业是否披露了连续数年的历史数据和行业数据。

案例：中国一汽可持续发展报告披露了 59 个可比指标

《中国第一汽车集团有限公司 2020 可持续发展报告》披露了"资产总额""工业增加值""劳动合同签订率""安全培训投入""节能改造项目数""二氧化硫排放量"等 59 个关键指标连续 3 年的对比数据；并就"世界 500 强第 89 位""中国制造 500 强第 5 位"等进行横向比较，可比性表现卓越。

5. 可读性

（1）定义。可读性是指报告的信息披露方式易于读者理解和接受。

（2）解读。企业社会责任报告的可读性可体现在以下方面：

➤ 结构清晰，条理清楚；

➤ 语言流畅、简洁、通俗易懂；

➤ 通过流程图、数据表、图片等使表达形式更加直观；

➤ 对术语、缩略词等专业词汇做出解释；

➤ 方便阅读的排版设计。

（3）评估方式。从报告篇章结构、排版设计、语言、图表等方面对报告的通俗易懂性进行评价。

案例：中国华电可持续发展报告可读性卓越

《中国华电集团有限公司 2020 可持续发展报告》从四大篇章展开，系统阐述了企业年度履责理念、行动与成效，框架结构清晰，重点议题突出，回应了利益相关方的期望与诉求；封面设计以品牌标识进行延展，勾勒主营业务元素，凸显行业特征；篇章跨页选用契合章节主题的实景全图，以国家领导人重要讲话为引领，嵌入关键绩效，提升了报告的易读性；引入利益相关方感言佐证履责成效，嵌入二维码进行影像化延伸，增强沟通效果，可读性表现卓越。

（二）流程标准

1. 组织

（1）定义。组织是指为完成社会责任报告的编制工作，互相协作结合而成的团体。

（2）解读。组织是社会责任报告编写的保证，是社会责任报告编制工作的起点，贯穿于报告编写的全部流程。强有力的组织，既能够保证报告编制工作的高效开展，又能够有效支撑和促进企业社会责任管理工作的进行。

（3）评估方式。组织的评估方式见表4-9。

表4-9 组织的评估方式

组织	成立报告编制工作组
	高层领导参与、领导和统筹报告编制
	职能部门和所属单位参与、配合报告编制
	外部专家参与、指导报告编制
	工作组有完善的运作机制

2. 策划

（1）定义。策划就是为了最大程度地做好报告编制及其相关工作，遵循一定的方法或者规则，对未来即将发生的事情进行系统、周密、科学的预测，并制订科学的可行性方案。

（2）解读。策划是系统的设计，对社会责任报告而言，首先要明确编制社会责任报告的主要目标，进而对报告编制工作进行近期和远期、形式与内容、主题与框架、创新与传承、单项工作和建章立制等方面的系统计划。

（3）评估方式。策划的评估方式见表4-10。

表4-10 策划的评估方式

策 划	清晰定位报告功能与价值
	就报告内容、形式和体系等做中长期计划
	制定报告的主题和框架
	明确报告的创新点
	制定报告管理制度与流程

3. 界定

（1）定义。界定是指对企业社会责任报告披露的关键议题，按照一定的方法和流程进行确定。

（2）解读。实质性是企业社会责任报告内容标准的要求，如何确保报告内容的实质性，需要企业在社会责任报告编制的过程中进行实质性议题的界定。明确企业的核心社会责任议题，不仅能够用于社会责任的编制，也是企业开展社会责任管理与实践的重要基础。

（3）评估方式。界定的评估方式见表4-11。

表4-11 界定的评估方式

界 定	开展广泛的社会责任环境分析
	构建科学、全面、与时俱进的议题清单
	就责任议题与利益相关方进行日常或专项沟通
	科学识别实质性议题
	建立实质性议题应用和管理机制

4. 启动

（1）定义。启动是指年度社会责任报告编制工作的开始，报告启动意味着编制工作进入了正式环节。

（2）解读。报告启动是报告编制工作过程中的标志性事件。启动会的召开是为了达到统一思想、聚合资源、了解形势、分配任务、解答疑难的目的。高质量的启动会能够保证报告编制各个环节的质量和效率。

（3）评估方式。启动的评估方式见表4-12。

表4-12　启动的评估方式

启　动	召开报告编制启动会
	就社会责任报告理论、实践、趋势等进行培训
	讲解报告编制思路和推进计划
	建立信息化工作协同平台

5. 研究

（1）定义。研究是指主动寻求社会责任报告的根本性特征与更高可靠性依据，从而为提高报告编制的可靠性和稳健性而做的工作。

（2）解读。在报告动笔前，开展系统的研究，对企业年度社会责任素材、国内外优秀企业社会责任报告、国内外最新社会责任标准和倡议进行研究，并开展调研征求公司领导、职能部室、下属单位对报告的意见，可以最大化开拓报告思路，夯实报告的内容。

（3）评估方式。研究的评估方式见表4-13。

表4-13　研究的评估方式

研　究	消化吸收存量材料
	对标国内外优秀报告
	对高层领导进行访谈
	开展部门、所属单位访谈和调研

6. 撰写

（1）定义。撰写是指按照社会责任报告的内容原则、质量原则，结合前期的组织、策划、界定、启动、研究工作的结果，开展社会责任报告主体内容的写作。

（2）解读。撰写是一项系统工程，包括素材搜集→报告分工→初稿撰写→初稿研讨→素材补充→修改完善→报告统稿→部门会审→修改完善→领导审核→修改完善→文字定稿等，是社会责任报告编制工作的主体。

（3）评估方式。撰写的评估方式见表4-14。

表4-14　撰写的评估方式

撰　写	明确撰写方式
	确定撰写流程
	制作和下发材料收集清单

7. 发布

（1）定义。发布是指社会责任报告等通过报纸、书刊、网络或者公众演讲等文字和演讲的形式公之于众，向外界传输企业履责信息的过程。

（2）解读。报告发布是利益相关方获取报告信息的关键环节，发布的方式和渠道多种多样。企业发布质量的高低直接决定社会责任报告能够发挥价值的程度。

（3）评估方式。发布的评估方式见表4-15。

表4-15　发布的评估方式

发　布	召开报告专家意见征求会
	召开报告专项发布会
	召开嵌入式报告发布会
	申请报告第三方评价、评级
	多渠道使用报告

8. 总结

（1）定义。总结是指社会责任报告告一段落或者全部完成后进行回顾检查、分析评价，从而肯定成绩、得到经验、找出差距、得出教训和一些规律性认识的重要环节。

（2）解读。报告总结是社会责任报告闭环管理的最后一环，对报告进行总结，不仅能够系统回顾当年报告编制过程中的得失，也能够为未来报告编制统一认识、寻找改进点。

（3）评估方式。总结的评估方式见表4-16。

表4-16　总结的评估方式

总　　结	报告发布后，召开复盘会
	广泛征求利益相关方对报告的意见

（三）价值标准

1. 回应性

（1）定义。回应性是指社会责任报告在全面分析企业社会责任履责环境的基础上，有针对性地将社会责任报告的编制、发布和应用与满足强势机构对企业履行社会责任的要求结合起来，为企业履行社会责任及经营发展争取最大的政策红利与声誉价值。

（2）解读。随着企业社会责任的发展，政府部门、行业协会、资本市场、科研机构、新闻媒体等利益相关方在社会责任的政策制定、研究推动、监管要求、评选评价等方面有越来越多的行动和要求。企业通过发布社会责任报告有针对性地回应和满足这些要求，是企业社会责任报告最基本也是最重要的价值所在。

（3）评估方式。

➢ 报告是否回应了重要的社会责任（监管）政策要求；

➢ 报告是否回应了重要的社会责任标准和倡议；

➢ 报告是否回应了重要的社会责任评选评价的要求。

案例：兖州煤业回应国内外重要社会责任标准和倡议

《兖州煤业股份有限公司 2020 年度社会责任报告》附录中的指标索引，针对上海证券交易所披露建议、GRI Standards、ISO 26000：2010 社会责任指南等国内外重要社会责任标准和倡议进行一一回应，满足相关披露要求。

上海证券交易所披露建议索引

序号	内容	页码
表1《关于加强上市公司社会责任承担工作暨发布〈上海证券交易所上市公司环境信息披露指引〉的通知》		
1	第一条：关于上市公司增强责任意识的要求	非报告内容
2	第二条：关于社会责任战略规划及工作机制的要求	4，6-10
3	第三条：关于披露内容和时间的要求	非报告内容
4	第四条：每股社会贡献值	64
5	第五条：（一）公司促进社会可持续发展相关内容	12-13，32-37，48-63
6	第五条：（二）公司促进环境可持续发展相关内容	40-45
7	第五条：（三）公司促进经济可持续发展相关内容	16-29
8	第六条：关于申请披露社会责任报告所需的文件	非报告内容
9	第七条：关于鼓励积极披露社会责任的公司	非报告内容
10	第八条：关于适时制定社会责任承担的具体信息披露指引	非报告内容
11	第九条：《上海证券交易所上市公司环境信息披露指引》的发布	非报告内容

资料来源：《兖州煤业股份有限公司2020年度社会责任报告》第72页。

2. 参与性

（1）定义。参与性是指企业社会责任报告在编制的全流程中，通过设置恰当的环节，让利益相关方参与到报告的编制过程中。

（2）解读。让利益相关方参与报告的编制，是发挥报告编制价值的重要途径。企业应选择核心利益相关方，在适当的范围内参与到报告的编制，深入沟通、精准影响，发挥过程价值。

（3）评估方式。

➢ 企业高层领导参与报告编制的过程；

➢ 职能部室和下属单位参与报告编制的过程；

➢ 普通员工参与报告编制的过程；

➢ 召开报告专家意见征求会；

➢ 申请报告第三方评价、评级；

➢ 政府、媒体、客户、合作伙伴、社区代表等参与报告编制的过程。

案例：92 家中央企业发布社会责任报告，45 份有第三方评价

2021 年 9 月 18 日，由国务院国资委主办、中国社会责任百人论坛承办的"责任创造价值，责任引领未来——中央企业社会责任报告集中发布活动（2021）"在京召开。会上，92 家中央企业发布社会责任报告，45 份报告内附有第三方评价，占比 48.9%。其中，有 11 份报告邀请专家学者或重要利益相关方（如行业协会会长等）进行个人点评。4 份报告附有质量认证说明。1 份报告附有数据审验说明。37 份报告申请参与"中国企业社会责任报告评级专家委员会"报告评级，获得社会责任领域权威专家团队出具的评级报告，提升了信息披露的规范性与公信力。

3. 传播性

（1）定义。传播性是指社会责任报告信息的传递和运行。

（2）解读。让报告所承载的社会责任信息为更多的利益相关方所感知，从而知晓企业、了解企业、理解企业，进而支持企业，是报告发挥价值的重要途径之一。让社会责任报告以更加通畅的渠道、更加新颖的形式呈现给更多利益相关方，是报告价值最大化的必然要求。

（3）评估方式。

➢ 对报告进行二次开发，编制简版报告、H5 版报告、视频版报告等；

➢ 召开报告专项发布会或嵌入式发布会；

➢ 在大型活动平台上二次发布报告；

➢ 结合报告发布策划系列宣传文章和主题活动；

➢ 参与报告相关的会议、论坛、调研等相关活动；

➢ 策划和推广报告主题产品；

➢ 制作报告专门网站；

➢ 多渠道使用报告。

案例：中国石化多途径发布企业社会责任报告

2021 年 8 月 20 日，中国石化在京召开以"能源至净　生活至美"为主题的司机之家千座建成暨年度社会责任报告发布会。这是中国石化连续第 14 年发布年度社会责任报告，向社会披露企业年度履责进展。

此外，中国石化通过多种途径传播社会责任报告，有效扩大传播覆盖面，提升传播质量：

● 将定稿的电子版报告在官网"社会责任报告"板块发布，供利益相关方下载阅读。

● 以官微推送推文，扩大传播面积。

● 在"责任创造价值，责任引领未来——中央企业社会责任报告集中发布活动（2021）"上再次发布。

（四）创新标准

（1）定义。创新是指企业社会责任报告在各个维度或事项上的突破点。

（2）解读。社会责任报告的创新主要体现在三个方面：报告内容、形式的创新，报告流程的创新，报告价值的创新。创新不是目的，通过创新提高报告质量是根本。

（3）评估方式。将报告内容、形式、流程、价值与国内外社会责任报告及企业往期社会责任报告进行对比，判断其有无创新，以及创新是否提高了报告质量。

案例：国家能源集团社会责任报告注重创新

《国家能源集团 2020 年社会责任报告》开篇设置"百年'红船'乘风破浪　万丈锦绣大美中华""三载改革起高歌　华卷如织绘峥嵘"两大责任专题，聚焦企业在党的建设、全面深化改革等领域的履责实践，彰显了中央企业贯彻宏观政策的责任担当；各章积极响应联合国可持续发展目标（SDGs），展现了企业的国际视野与责任引领；发布首份国别报告《龙源南非社会责任报告》，构建了多层次的报告传播矩阵，强化了利益相关方沟通；制定印发《国家能源集团社会责任管理办法（试行）》，有利于进一步提升企业社会责任管理水平，具有卓越的创新性表现。

第五章　案例

一、陕西煤业：践行责任担使命，追赶超越勇作为

陕西煤业股份有限公司（以下简称"陕西煤业"）坚持对煤炭资源绿色开发、清洁利用的原则，立足长远，积极履行国有企业的经济、社会和环境责任，将社会责任与企业战略制定、管理运营相结合，不断强化社会责任管理，持续提升履责能力，致力于推动企业与社会和谐发展，加速向"以煤为基，能材并进，技融双驱，零碳转型，矢志跻身世界一流企业"的战略目标挺进，积极为利益相关方创造多元价值。

（一）责任实践

1. 将社会责任管理融入企业运营发展

陕西煤业经过多年的实践探索，形成了扎实的社会责任管理基础，构建了完善的社会责任管理组织体系，建立起与利益相关方常态化沟通的机制，将社会责任融入生产运营和组织管理，进一步促

进了经济效益与环境效益、社会效益的和谐统一。

陕西煤业不断强化社会责任管理，建立"社会责任管理委员会—社会责任工作领导小组—社会责任工作办公室—所属单位社会责任归口管理部门"四级联动的社会责任组织体系。社会责任管理委员会职能由公司董事会承担，负责对公司社会责任重大事项进行决策、部署、管理；社会责任工作领导小组由公司领导班子成员组成，负责制定公司社会责任战略，评估公司社会责任实践，指导、督促社会责任实践落实；社会责任工作办公室设在经营管理部，成员由各部门相关业务人员组成，承担社会责任日常管理工作，落实社会责任工作领导小组要求，并与所属单位社会责任归口管理部门进行沟通；所属单位社会责任归口管理部门负责督促、指导本单位社会责任具体工作的落实，并定期上报社会责任相关信息。公司借助中国煤炭工业协会、陕西省国资委和陕西省工业经济联合会等有关政府机构、行业组织的渠道，发布社会责任报告，全面披露公司在经济、社会和环境方面的履责信息和相关绩效。工作开展以来，各单位高度重视，认真总结，积极申报，在公司高效运营、依法合规运营、平稳安全运营、环境生态保护、创新驱动发展、助力员工成长、贡献和谐社区等方面梳理和总结出一批优秀的典型社会责任履责实践。

2. 重视利益相关方沟通，携手合作伙伴共创多元价值

陕西煤业重视通过多种渠道与利益相关方进行对话，了解各利益相关方对陕西煤业的期望，并将公司的发展情况与各方进行沟通，争取利益相关方的信任和支持，推动陕西煤业社会责任工作的持续改进。

陕西煤业坚持开发合作，充分保障投资者权益，为客户提供优质产品和服务，帮助供应商成长，积极打造责任供应链，与上下游合作伙伴携手搭建支撑事业发展的和谐共赢产业链。一方面，陕西煤业充分保障投资者的知情权、决策权和利润分配权，加强投资者关系管理；不断健全信息披露机制及沟通交流体系，打造多元化、信息化的多层次沟通渠道，及时、主动、翔实地向资本市场和投资者传递公司信息，深度服务于机构投资者、个人投资者及行业研究机构，为构建规范、透明、开放、有活力、有韧性的资本市场贡献力量。2020年，陕西煤业投资者沟通1483次，配合55家券商及投资机构电话调研，参加券商电话策略会和线上交流活动42场，发布定期报告4次。另一方面，陕西煤业致力于为客户提供优质产品和服务，坚持以客户为中心，积极调整产品结构，坚持以质量创产品品牌，以产品品牌发展产业品牌，以产业品牌树立企业品牌。陕西煤业依托"西煤交易、西煤支付、西煤电商"三大核心平台，聚焦客户和资源，为客户提供集产品推广、交易、结算为一体的交易服务及相关互联网增值服务，构建大宗物资贸易体系，开展大宗物资贸易业务，满足市场客户多元化需求；积极打造责任供应链，制定《绿色采购制度》等制度，积极带动产业伙伴共同践行反腐败、诚信、环保、安全、公平等责任理念；同时，陕西煤业设立供应链子公司，整合煤炭产业链上下游资源，与供应链伙伴携手，共同应对来自经济、环境、社会可持续发展的创新挑战，共创和谐共赢、具有持续竞争力的责任供应链。

3. 助力"双碳"目标，推动绿色化转型发展

陕西煤业坚持煤炭资源绿色开发、清洁利用的原则，践行"绿

水青山就是金山银山"的发展理念，全面探索资源节约、环境友好和绿色开发的发展路径，在实现"双碳"目标的道路中，勇立潮头，争当绿色低碳转型的先行者。

一方面，陕西煤业不断完善环境管理体系和制度体系。第一，不断建立健全各级节能减排管理机构和岗位，根据实际需求不断完善与节能工作职能相适应的管理体系。第二，不断完善环境管理制度，印发《中长期规划（2019—2025）》，明确绿色发展要求，制定年度重点环保工程与环保资金投入计划，保障环保工作顺利推进。第三，不断强化考核机制，加强节能增效和环保风险管控，落实环保节能督察制度、统计检查制度和修正制度，推进节能环保工作有效落实。

另一方面，陕西煤业不断加强绿色运营。一是将绿色低碳理念融入日常生产运营过程，统筹推进节能降耗、大气污染防治、资源循环利用等工作，持续提升绿色发展水平。积极升级改造和完善设施，加强支撑绿色发展的关键技术研究，推进矿山、矿井设施智能化升级改造，全面推进智能化采煤工作面建设，加大智能掘进系统建设力度，加快推动智能辅助系统建设，提高煤炭回采率，将瓦斯、低热值的煤泥和煤矸石用于发电，优化矿井水综合利用系统，采用井下沉淀、地面处理、工业复用等措施，延伸"废水处理—复用灌溉、灭尘和水洗"等链条，进一步提高水资源梯次利用，2020年，陕西煤业煤矿采区平均回采率达83.73%，废水综合利用率达45.24%。二是深入推进煤矿绿色发展，加强矿山环境恢复治理与土地复垦基金使用，编制《矿山地质环境保护与土地复垦方案》，并按照《年度治理计划》积极开展矿山地质环境治理工作。对工作面沉降区域进行治理恢复与土地复垦，进行裂缝填埋、土地平整、耕地复垦及植被恢复等；按照土地复垦要求，对地表沉降耕地进行整理，根据耕地坡度、地质类型，选择种植适宜生长或抗耐旱、抗贫瘠的优良草种；对排矸场进行有效治理，采用分层碾压、黄土覆盖、设置拦渣坝和钢制波纹管等手段，有重点、分层次对排矸场进行绿化、美化，让原来的黑色矸石山变成绿色生态林。陕西煤业所属孙家岔龙华煤矿绿色矿山现状如图 5-1 所示。

图 5-1 陕西煤业所属孙家岔龙华煤矿绿色矿山景象

资料来源：笔者自拍，余同。

4. 以创新驱动发展，争做行业发展的引领者

陕西煤业立足长远，坚持创新发展理念，强化科技引领产业发展，将科技创新驱动力作为企业发展的重要动力源，聚焦煤炭科技前沿，开展高效掘进、灾害治理、节能环保、智能化建设和管理创新五大类核心技术的研究应用，逐渐成为带动行业发展的领跑者。

陕西煤业围绕"智能矿井、智慧矿区、一流企业"，强力推进"四化"建设，强化技术攻关和科研管理，围绕煤矿安全生产中心，构建运行煤炭产、供、销"三网一平台"智慧联动管理系统，持续提升企业的综合实力和核心竞争力。煤矿智能化发展成绩斐然，先后取得七个全国第一：首个全国智能化无人开采工作面，首个大采高智能化无人开采工作面，首个薄、中、厚煤层智能化开采全覆盖，首个发布煤炭行业智能化开采技术标准，首个透明地质精准开采技术，首个全国智能化掘进机器人，首创矿山人员行为治理体系（AI+NOSA）。首套智能化无人开采系统、首套智能快速掘进机器人系统、110采煤工法等技术的创新应用，开创了国内采煤新方式的先河，填补了煤矿开采技术应用的空白；智慧化矿山、快掘系统、瓦斯零排放等一系列技术的探索和应用，极大地改善了安全环境，大幅提升了生产效率和水平；所属黄陵矿区、神南矿区也连续两届获得中国工业大奖。

5. 笃行生命至上，筑牢安全防线

安全是煤炭行业社会责任的重点领域，陕西煤业牢固树立安全发展理念，全方位筑牢公司持续健康发展基石。

陕西煤业深化双重预防机制建设和 NOSA 安健环风险管理试点工作，从"优化管理机制""制定安全行动""强化安全监督""提升风险管控""完善安全队伍"五个方面来完善安全管理体系，着力构建安全管理长效机制。2020 年，陕西煤业与各下属企业签订《陕西煤业 2020 年度安全生产（消防）责任状》，进一步夯实"知责、明责、履责、问责"的责任链条，形成了人人有责、各负其责、权责清晰的安全生产责任体系。2020 年，公司六对矿井通过了NOSA 安健环风险管理星级评审。

一方面，陕西煤业着力提升全员安全意识。通过多样化培训提高员工安全预警及事故处理能力，努力培养员工的安全行为习惯，提高员工队伍的安全素质，开展安全文化活动，深化安全文化建设，进一步提升员工安全意识，营造良好的安全氛围，如图 5-2 所示。

另一方面，陕西煤业全面强化安全能力建设。一是通过全面推进智能化采煤工作面建设、加大智能掘进系统建设力度、加快推动智能辅助系统建设、积极推广井下智能机器人应用、大力推进智慧矿区建设等措施，快速推进煤炭开采智能化、现场作业自动化、固定设施无人化、运营管理信息化，助力实现生产过程的少人化和无人化，从而减少事故的发生。二是借助数字化、信息化、网络化技术，全面建成运行安全生产信息共享平台，实现"一张图"业务和技术的高度融合，为产供销财务实时协同管理提供数据支撑，实现"水、火、瓦斯、煤尘、顶板"等在线实时监测及视频、综合自动化数据的实时采集、存储和预警预测，为矿井安全生产提供决策保障。三是陕西煤业所属煤矿全部建成双重预防信息管理系统和"三大系统"（安全监控、人员定位、工业视频）联网建设工作，进一步保障了生产安全。

图5-2　陕西煤业所属彬长矿业公司救援中心开展应急救援专项演练

（二）责任报告

自 2017 年以来，陕西煤业建立了社会责任报告常态化编制机制，每年定期组织开展社会责任报告编制工作，并借助中国煤炭工业协会、陕西省国资委和陕西省工业经济联合会等有关行业组织的平台和渠道，发布社会责任报告，积极梳理公司在高质量发展、依法合规运营、党风廉政建设、安全平稳生产、科技创新驱动、绿色低碳运营、打造责任供应链、关爱员工成长、贡献精准扶贫、促进企业发展等方面的重点举措和典型社会责任履责案例，彰显了企业负责任的形象。陕西煤业积极参与中国煤炭工业协会组织的煤炭行业企业社会责任报告发布会，多次获得由中国煤炭工业协会颁发的"全国煤炭工业社会责任报告发布优秀企业"称号。陕西煤业通过定期组织开展社会责任报告编制，有效促进了企业社会责任管理提升。

陕西煤业根据时事热点和社会责任发展趋势，不断对报告框架和报告内容进行调整。《陕西煤业化工集团公司 2020 年企业社会责任报告》以传播集团发展及社会责任价值为核心，设置"责任寄语""走进陕西煤业""责任影像""责任管理""责任聚焦""卓越发展　与合规共相伴""平安运营　与安全共追求""创新驱动　与行业共发展""绿色环保　与自然共相处""携手共赢　与伙伴共成长""和谐共享　与社区共繁荣""展望未来""聚焦 2020""关键绩效表""我们的倾听" 15 个部分，约 3.5 万字，内容全面，有效回应了利益相关方的重点诉求和期望，内页设计简洁大气，大数据、逻辑图的运用及高质量的图片，更加清楚明确、重点突出地展现出陕西煤业履责实践与发展成果。

陕西煤业社会责任报告以纸质版和电子版两种形式提供，对外公开发布。电子版可在公司网站、巨潮网下载，纸质版可通过参加"陕西企业社会责任报告发布会"、"煤炭行业企业社会责任报告发布会"、利益相关方赠阅等途径进行推广。

（三）报告管理

1. 组织

陕西煤业社会责任报告编制由公司经营管理部牵头，生产技术部、安全环保监察部、规划建设部、财务部、综合办公室、证券部和审计部等相关部门和所属公司参与，组织咨询机构、印刷商共同完成。陕西煤业社会责任报告由公司经营管理层审阅，经公司董事会审核后发布。

2. 策划

陕西煤业一般于每年1月初开启社会责任报告编制工作，由经营管理部统筹协调，在各部门的通力配合下，历经社会责任报告大纲编制、文字稿撰写、设计排版、审核等各环节重点工作，于4月下旬完成报告的发布披露工作。

3. 界定

陕西煤业社会责任报告遵循《上海证券交易所上市公司环境信息披露指引》、中国工业经济联合会发布的《中国工业企业及工业协会社会责任指南实施手册》和陕西省人民政府发布的《陕西省工业企业社会责任指南》等文件要求，并参考中国社会科学院《中国企业社会责任报告编写指南》（CASS-CSR4.0）、GB/T 36001-2015

《社会责任报告编写指南》、全球可持续发展标准委员会（GSSB）发布的《可持续发展报告标准》（GRI Standards）等进行编写。

陕西煤业从利益相关方角度出发，结合公司运营实际情况、行业特点等，梳理国内外社会责任标准、指标，对标同行业企业实质性议题，收集内外部利益相关方诉求，通过议题识别、议题排序、议题审核和议题披露四个环节，从"对利益相关方评估和决策的影响"和"对经济、环境和社会影响的重要性"两个维度识别筛选实质性议题，确定实质性议题的优先级，通过公司经营管理层和外部社会责任领域专家审核后，绘制实质性议题矩阵，为报告编制和信息披露提供参考依据，帮助陕西煤业有针对性地开展社会责任管理与实践。

4. 研究分析

陕西煤业依托"煤炭行业标杆中心"，结合工作实际，考虑选取在社会责任管理领先的国内外采掘业企业作为对标对象，每年组织开展对标研究分析，从而进一步完善陕西煤业社会责任管理体系建设。

5. 报告编写

陕西煤业社会责任报告编制工作一般分为报告启动阶段、报告撰写阶段、报告设计和优化阶段、报告审核阶段4个阶段，历时约4个月。第一阶段，报告启动阶段，大约4周时间，包括召开项目启动会、访谈提纲编制和重点部门访谈、资料清单编制和资料搜集；第二阶段，报告撰写阶段，大约5周时间，包括报告大纲框架编制、修改和确定、报告初稿撰写和初稿优化、部门审核和数据补充等；第三阶段，报告设计和优化阶段，大约5周时间，包括设计方案编制和确定、报告排版与设计、设计稿修改与优化等；第四阶段，报告审核阶段,大约 2 周时间,包括经营管理层审核、数据核对、公司高层审核和董事会审核、报告发布等。

6. 总结

陕西煤业重视社会责任管理,将社会责任与企业战略制定、管理运营相结合,强化社会责任融入,做好社会责任沟通,提升履责能力,创建具有自身特色的社会责任工作模式,建立健全社会责任管理体系,将社会责任报告作为同利益相关方沟通的桥梁,加强与利益相关方的沟通,树立了企业良好形象,推动了企业与利益相关方的和谐共赢发展。

二、中煤集团:打造社会责任品牌, 彰显央企责任担当

中国中煤能源集团有限公司(以下简称"中煤集团")是国务院国资委管理的国有重点骨干企业,前身是 1982 年 7 月成立的中国煤炭进出口总公司。中煤集团主营业务包括煤炭生产贸易、煤化工、发电、煤矿建设、煤矿装备制造,以及相关工程技术服务,涵盖煤炭全产业链,肩负保障国家能源安全的重要使命。现有可控煤炭资源储量 760 亿吨,生产及在建煤矿 70 余座,煤炭总产能达到 3 亿吨级规模,煤炭年贸易量 3.6 亿吨。煤化工总产能 1800 万吨,产品主要包括煤制烯烃、甲醇、尿素、硝铵、焦炭等。现有控股和参股电厂 50 余座,总装机 3000 万千瓦。煤矿设计建设、煤机装备制造综合实力、技术水平、市场占有率均居行业前列。

（一）责任实践

中煤集团履责历程如表 5-1 所示。中煤集团从 2008 年发布第一份社会责任报告起，至今已连续坚持 13 年，彰显了煤炭央企的责任担当。13 年来，中煤集团作为煤炭行业履行社会责任的引领者、推动者，致力打造社会责任品牌，在管理上将社会责任理念融入品牌建设，在实践上为利益相关方创造经济、社会和环境综合价值，在传播上注重与各利益相关方的全方位、透明、有效沟通，树立了负责任的煤炭央企形象。

表 5-1　中煤集团履责历程

1982 年	中国煤炭进出口公司（中煤集团前身）成立
2003 年	重组更名为中国中煤能源集团公司
2006 年	独家发起设立的中国中煤能源股份有限公司在香港证券交易所上市
2007 年	中煤集团原煤产量突破 1 亿吨
2008 年	中国中煤能源股份有限公司在上海证券交易所上市
2009 年	制定下发《中煤集团企业社会责任工作指导意见》，明确了社会责任的目标、思路、措施，初步建立了社会责任管理体系
	中煤集团发布首份社会责任报告：《中煤集团 2008 年社会责任报告》。首次全面披露了中煤集团履行社会责任的实践和绩效
	《中煤集团 2008 年社会责任报告》被评为"金蜜蜂优秀企业社会责任报告·领袖型企业"
2010 年	中煤集团发布第 2 份报告：《中煤集团 2009 年社会责任报告》
	召开中煤集团社会责任工作会议，开展 ISO26000 标准的学习培训
2011 年	中煤集团发布第 3 份报告：《中煤集团 2010 年社会责任报告》
	制定"十二五"社会责任规划，并将其纳入中煤集团"十二五"战略发展规划
	《中煤能源 2010 年社会责任报告》获评中国 A 股上市公司 A 级认证
	中煤能源进入"2011 年度《财富》（中文版）企业社会责任 25 强"，居第 8 位
	中煤能源被评为"央视财经 50 指数·十佳社会责任公司"
	中煤能源被中国证券紫荆奖组委会评为"最具社会责任感"上市企业
	平朔公司"发展循环经济，建设生态矿区"案例被国务院国资委评选为"2011 年中央企业优秀社会责任实践"

2012 年	中煤集团发布第 4 份报告：《中煤集团 2011 年社会责任报告》
	构建社会责任管理钻石模型
	构建全产业链责任路径
	《中煤集团 2011 年社会责任报告》被中国社科院企业社会责任研究中心评定为四星级，位居行业领先水平
	中煤能源被评为"央视财经 50 指数·十佳社会责任公司"
	中煤能源被评为"2012 年度《财富》（中文版）企业社会责任 25 强"
	《中煤能源 2011 年社会责任报告》获评中国 A 股上市公司 A 级认证
2013 年	中煤集团发布第 5 份报告：《中煤集团 2012 年社会责任报告》
	《中煤集团 2012 年社会责任报告》被中国社科院企业社会责任研究中心评定为四星半级，位居行业领先水平
	中煤集团参加 2013 年煤炭行业企业社会责任报告发布会，被中国煤炭工业协会评为社会责任报告发布优秀企业
	《中煤集团 2012 年社会责任报告》被评为"金蜜蜂优秀企业社会责任报告·领袖型企业"
	中煤集团社会责任报告编制经验入选《金蜜蜂中国企业社会责任报告研究 2013》
	中煤能源被评为"2013 年度《财富》（中文版）企业社会责任 50 强"
	《中煤能源 2012 年社会责任报告》邀请普华永道进行了第三方审验，提高了报告的公信力
2014 年	中煤集团发布第 6 份报告：《中煤集团 2013 年社会责任报告》
	中煤集团参加 2014 年煤炭行业企业社会责任报告发布会，被中国煤炭工业协会评为社会责任报告发布优秀企业
	与中国煤炭工业协会合作，参与编写《中国煤炭行业社会责任指南》，积极推进行业社会责任标准的制定
	深度参与由中国社会科学院企业社会责任研究中心主持的《中国企业社会责任报告编写指南 3.0》及其"煤炭开采及洗选业社会责任信息披露指标体系"的研究工作
2015 年	中煤集团发布第 7 份报告：《中煤集团 2014 年社会责任报告》
	中煤集团参加 2015 年煤炭行业企业社会责任报告发布会，被中国煤炭工业协会评为社会责任报告发布优秀企业
	与中国煤炭工业协会合作编写的《中国煤炭行业社会责任指南》正式发布
	在中国社科院发布的《中国企业社会责任蓝皮书 2015》中，中煤集团社会责任发展指数列国有企业 100 强第 31 位、中国企业 300 强第 41 位，继续保持领先地位
2016 年	中煤集团发布第 8 份报告：《中煤集团 2015 年社会责任报告》
	中煤集团参加 2016 年煤炭行业企业社会责任报告发布会，被中国煤炭工业协会评为社会责任报告发布优秀企业
	中煤鄂尔多斯能源化工有限公司"图克化肥项目实现煤化工废水零排放"社会责任案例入选《中国企业社会责任年鉴 2016》，并荣获中国企业社会责任"绿色环保奖"
	《中煤集团 2015 年社会责任报告》在第二季"央企 CSR 报告颜值大比拼"中，从入围的 54 家央企中脱颖而出，闯进十强，荣获第五名，展示了良好的企业形象

续表

2017 年	中煤集团发布第 9 份报告:《中煤集团 2016 年社会责任报告》
	中煤集团参加 2017 年煤炭行业企业社会责任报告发布会,被中国煤炭工业协会评为社会责任报告发布优秀企业
	中煤平朔集团《矿山复垦再造绿水青山》社会责任案例入选《中央企业社会责任蓝皮书 2017》
	中煤集团 2017 年社会责任发展指数 83.2 分,获评五星级,位列中国国有企业 100 强第 24 名、中国企业 300 强第 36 名,居于前列
	中煤能源新疆分公司南疆驻村工作队扶贫图片荣获"最美扶贫图片奖"
2018 年	中煤集团发布第 10 份报告:《中煤集团 2017 年社会责任报告》
	中煤集团参加 2018 年煤炭行业企业社会责任报告发布会,被中国煤炭工业协会评为社会责任报告发布优秀企业
	中煤平朔集团《矿山复垦再造绿水青山》社会责任案例荣获"2018 金旗奖环境保护金奖"
	中煤能源获评"中国上市公司社会责任建设 100 强"
2019 年	中煤集团发布第 11 份报告:《中煤集团 2018 年社会责任报告》
	中煤集团参加 2019 年煤炭行业企业社会责任报告发布会,被中国煤炭工业协会评为社会责任报告发布优秀企业
	《书写"采煤不毁环境"的绿色传奇》获评国资委"2019 年度中央企业品牌建设典型案例",为煤炭行业唯一获奖案例
	中煤平朔矿区复垦案例入选"两山论"央企实践
2020 年	中煤集团发布第 12 份报告:《中煤集团 2019 年社会责任报告》
	中煤集团参加 2020 年煤炭行业企业社会责任报告发布会,被中国煤炭工业协会评为社会责任报告发布优秀企业
	中央电视台《新闻联播》《朝闻天下》一天内两次报道中煤集团战"疫"保供
	中煤集团位列采矿业企业家社会责任指数第七名,煤炭行业第一名
	中煤能源获得证券时报"第十四届中国上市公司价值评选"社会责任奖
2021 年	中煤集团发布第 13 份报告:《中煤集团 2020 年社会责任报告》
	中煤集团参加 2021 年煤炭行业企业社会责任报告发布会,被中国煤炭工业协会评为社会责任报告发布优秀企业
	中煤集团位列 2021 中国企业社会责任发展指数煤炭行业三强
	中煤能源入选"央企 ESG·先锋 50 指数",获评"绿色低碳"优秀社会责任案例
	……

（二）责任管理

中煤集团认真贯彻落实国务院国资委《关于中央企业履行社会责任的指导意见》及《关于国有企业更好履行社会责任的指导意见》，开展社会责任管理提升活动，对标先进，升华理念，探索模式，社会责任管理水平显著提高。社会责任管理创新主要体现为"三融"，即融入责任产业链、融通利益相关方、融合可持续发展。

1. 融入责任产业链

（1）构建全产业链社会责任路径。中煤集团拥有从煤矿设计、建设、装备到煤炭生产、贸易、转化的全流程产业链。怎样探索将产业链优势转化为竞争力的有效途径？中煤集团创造性地将社会责任理念融入煤炭资源可持续开发和煤炭资源综合利用的每一个环节，在经济、安全、环境、创新、员工、社会等方面确定了全产业链社会责任路径，保障了社会责任的有效落实。

（2）加强供应链社会责任管理。中煤集团认真履行合作伙伴共赢责任，高度重视供应链责任管理，不断提升供应商责任意识和能力，追求互利合作，与供应链伙伴实现共赢发展。不断完善供应商管理机制，降低供应链的环境及社会风险，推动构筑公司统一管理、分级负责的供应商准入、认证、绩效考评及退出等全生命周期管理机制。建立全公司范围内可实时在线查询和共享的总部供应商资源，对总部供应商进行考评，对所属企业供应商考评进行备案，供应商考评率达100%。公司坚持责任采购，将履行社会责任的理念和要求全面融入企业的采购全过程，考察了解重点供应商在劳工人权、职业健康与安全、环境保护、消费者权益和商业伦理等方面的履责情况，作为绩效考核的评价因素。公司不断完善招标采购制度体系，倡导公平竞争，实施"阳光采购"，抵制腐败和商业贿赂行为，优先采购责任产品和服务，促进供应商履责意识和能力的提升。中煤集团连续参与四届中国国际进口博览会，与多家国际供应商签约，助力我国煤炭工业进一步扩大开放。

2. 融通利益相关方

（1）加强利益相关方沟通。健全社会责任报告编制、发布与传播机制，完善报告的编写与发布流程，更好地回应利益相关方关注的社会责任议题。分区域召开重点客户座谈会，不定期邀请新闻媒体走进中煤采风，征求外部社会责任专家的建议，倾听职工代表和员工的意见，通过引入内外部利益相关方参与机制，持续推进报告改进。

（2）邀请利益相关方参与。中煤集团高度重视对社会责任实质性议题的管理。为深入了解利益相关方对公司社会责任工作的期望和要求，组织开展了"中煤集团利益相关方调查问卷"活动，在分析问卷的基础上，建立社会责任实质性议题矩阵，明确议题对公司的重要性和对利益相关方的重要性，进而明确公司对社会责任实质性议题采取应对措施的迫切程度，为改进公司社会责任管理和实践、确定报告编制框架和主要披露信息，提供了基础性依据。利益相关方调查及社会责任实质性议题分析如图5-3所示。

3. 融合可持续发展

中煤集团深刻认识到，中央企业积极履行社会责任，是适应国际国内经济社会发展趋势的必然要求，也是深化国有企业改革、完

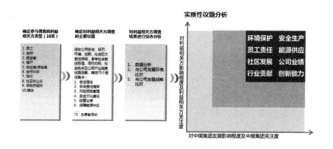

图 5-3 中煤集团利益相关方调查及社会责任实质性议题分析

善现代企业制度、提升企业可持续发展能力、建设世界一流企业的必然选择。中煤集团以"提供优质能源，引领行业发展，创造美好生活"为使命，积极追求企业自身发展与履行社会责任的有机统一。

（1）提供优质能源。近年来面对疫情严重冲击、市场大幅波动的困难与挑战，中煤集团统筹推进疫情防控和生产经营，加强产销协同，大力提质增效，推动改革创新，加快转型升级，煤炭产销量再创历史新高，盈利能力和经营质量再上新台阶。2021 年，中煤集团煤炭产量 2.5 亿吨，同比增长 10.6%，再创历史新高。煤炭销售量 3.6 亿吨，同比增长 8.9%。煤化工产品产量 769 万吨，同比增加 85 万吨，煤化工运营稳定高效。发电量 547 亿度，同比增长 8.8%，实现持续增长。营业收入 3020 亿元，同比增长 61.5%；实现净利润 167 亿元，同比增长 64.8%，比"十三五"初增长 14 倍，经营业绩实现历史性跨越。连续获得中央企业负责人经营业绩考核和党建工作责任制考核双 A 级，在落实"六稳""六保"中彰显了责任担当。

新冠肺炎疫情发生以来，中煤集团将保障能源供应作为义不容辞的责任，将湖北省用煤需求作为优先保供重点，年初疫情期间及时向湖北及武汉地区调拨煤炭 300 多万吨，保障和支持了疫区抗击疫情工作。疫情期间，电力、钢铁等企业煤炭供应持续紧张，公司积极回应各方迫切需求，克服种种困难，努力保障能源供应，极大缓解了有关企业的燃"煤"之急，湖北省疫情防控指挥部、国家能源局、相关企业纷纷来信来电致谢。疫情期间，中煤集团围绕大局担当尽责，不惜代价、分秒必争，统筹协调所属煤化工企业改造转产，半个多月时间生产出 15000 吨医用防护服和口罩原材料，全力以赴做好医疗防控物资保障工作。中央电视台《新闻联播》《朝闻天下》一天内两次报道中煤集团战"疫"保供，彰显了中煤集团作为中央企业的主力军、国家队的作用。

2021 年第四季度以来，国家能源保供形势严峻，中煤集团在确保安全的前提下，开足马力组织生产，全力增产增供保障供应，以占全国 6% 的产能承担了全国 13% 的新增保供任务，不讲条件、不讲利益、不计代价，第一时间完成第四季度中长期合同补签工作，不折不扣承担起全国 60 多家电厂的民生保供重任。第四季度，中煤集团煤炭生产分别创下单日、单月、单季产量新高，完成能源保供任务 1598 万吨，完成率达 140%，圆满完成国家发改委和地方政府下达的四季度能源保供任务，被中国煤炭工业协会授予"2021 煤炭保供突出贡献企业"荣誉称号。中煤集团在积极增产的同时，主动落实国家保供稳价要求，在市场煤价持续上涨情况下，严格执行煤炭中长期合同和长协定价机制，全年长协履约率 90% 以上。带头降价稳价，第一时间做出稳价承诺，连续三次率先下调煤炭售价，2021年累计让利社会 238 亿元，以实际行动引导煤炭价格回归合理区间，全力维护社会经济秩序稳定。

（2）引领行业发展。中煤集团坚持"安全、绿色、智能"发展方向，引领行业发展。

坚持生命至上、安全第一的思想，大力实施安全发展战略。加强安全管理，夯实安全基础，强化风险管控，狠抓责任落实，安全生产形势保持稳定，30座煤矿被评为国家一级安全生产标准化煤矿，2家煤化工厂达到无泄漏工厂标准。

践行绿色发展理念，积极参与碳达峰、碳中和行动，按照"存量提效、增量转型"的思路谋划"十四五"转型发展，构建以煤为基、以煤炭清洁高效利用和能源综合服务为两翼、以新能源等新兴产业为增长极的四业协同发展新格局。大力推进绿色矿山建设，公司共有13座煤矿入选全国绿色矿山名录，平朔矿区生态复垦案例被树立为行业标杆，多家煤化工企业实现废水"零排放"。

坚持创新驱动发展，大力推动煤矿智能化建设，6座煤矿列入国家首批智能化示范建设煤矿名单，国内首个《智能化露天煤矿建设规范》在中煤平朔集团发布。2021年建成32个智能化采煤工作面、22个智能化掘进工作面，285处固定岗位实现无人值守，减少作业人员805人。煤化工、电力企业积极打造智慧工厂。研制成功具有自主知识产权的10米采高液压支架，性能达到国际领先水平。5G融合组网技术在大海则、东露天等煤矿成功应用。蒙陕矿区深部保水开采、智能掘进关键技术与装备、煤化工废水与矿井水深度处理及资源化利用等10余项技术达到国际先进水平，行业影响力进一步提升。

（3）创造美好生活。中煤集团坚持"和"文化理念，建设和谐劳动关系，加强职业健康保护，充分保障了员工合法权益。公司不断完善薪酬分配体系，持续深化分配制度改革，优化收入分配结构，员工的获得感、幸福感、安全感更加充实。

中煤集团坚持和谐共赢，运用企业的资金、人力、技术积极主动参与地方经济建设，在项目建设、生产、销售等各产业环节为社区提供帮助，助推地方产业升级、经济发展，实现了与当地政府的和谐共建、互利共赢。

中煤集团热心社会公益事业，充分发挥矿山应急救援的专业优势，积极参与地方矿山救援、抢险救灾，在保障群众生命财产安全方面发挥了重要作用。中煤集团积极参与公益项目，积极开展对外捐赠，真心回馈社会。2020年疫情期间，中煤集团向湖北疫情防控一线捐款3000万元，向国内外合作伙伴捐赠多批防疫物资，广大党员、干部职工自发捐款624万元，助力打赢疫情防控阻击战。2021年中煤集团捐赠1000万元支援河南防汛救灾，国家危险化学品应急救援中煤榆林队29名消防指战员携带救援设备跨区域火速增援河南鹤壁，为抢险救援贡献央企力量。

（三）报告管理

社会责任报告全生命周期管理涉及组织、参与、界定、启动、撰写、发布和反馈七个过程要素。

1. 组织

组织是社会责任报告编写的保证，贯穿报告编写的全部流程。中煤集团经过多年探索实践，建立了社会责任报告编制组织体系和队伍，为提高报告质量奠定了基础。

（1）做好顶层设计。在编制集团公司发展规划时，将社会责任工作同步规划、同步实施，将社会责任理念融入企业发展战略，形成中煤集团社会责任管理的顶层设计，指导公司有计划、有步骤地系统推进和提升社会责任管理工作。

（2）建立健全制度。制定了《中煤集团企业社会责任工作指导意见》，明确了社会责任的目标、思路、措施，建立了社会责任管理体系。建立社会责任实践优秀案例评选机制，定期由所属企业上报社会责任管理与实践的最新进展，对优秀案例进行表彰，并通过公司网站、刊物等渠道进行广泛传播。

（3）构建组织体系。中煤集团在总部建立起较为完善的社会责任工作机构，成立了由公司总经理任组长，各职能部门和业务单位主要负责人为成员的社会责任工作领导小组，负责社会责任工作的领导和决策，领导小组下设社会责任工作办公室，负责社会责任具体工作，各个二级企业均建立了相应的工作机构，负责实施和完成社会责任工作，如图5-4所示。

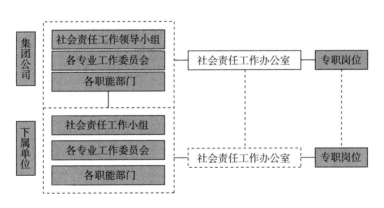

图5-4　中煤集团社会责任组织体系

（4）加强队伍建设。高素质的队伍是编制高质量的社会责任报告的基础。中煤集团高度重视人才队伍建设，以提高社会责任工作人员能力素质为切入点，构筑社会责任学习交流平台，对内通过创办社会责任内部网站、召开会议、邀请专家、开辟社会责任学习专栏等多种形式，有计划、分层次地开展社会责任培训；对外积极参加国务院国资委、商务部及相关社会机构举办的企业社会责任培训班和交流活动，学习先进理论和经验。

2. 参与

中煤集团将利益相关方参与作为编制社会责任报告的重要环节，重视在日常运营中运用报告与利益相关方沟通。通过利益相关方参与，明确利益相关方的期望和要求，并进行针对性回应。

（1）识别利益相关方。中煤集团根据利益相关方本身对可持续发展的风险大小，以及对中煤集团的影响程度进行识别和选择，系统识别企业给利益相关方和公众带来的正面影响和负面影响，作为社会责任报告披露的内容。

（2）开展利益相关方调查。报告编制前，对政府、投资者、员工、客户、供应商/承包商、合作伙伴、同行、社区和公众、非政府组织、媒体 10 类利益相关方展开问卷调查，增强报告议题的实质性和完整性，展现公司报告从"我想说"向"利益相关方想了解"深入转变，提升报告的沟通作用。

（3）回应利益相关方关切。在报告中介绍每个议题的管理经验，突出展示利益相关方关注的责任实践重点、亮点，并辅以对应的利益相关方证言，增强报告的可信性。

3. 界定

（1）确定核心议题。中煤集团以社会责任理念"融入企业发展战略和日常运营"为核心，加强利益相关方沟通和社会责任研究，回应利益相关方的期望，确定了包括经济责任、安全责任、环境责任、创新责任、员工责任、社区责任六个方面的社会责任核心议题。

（2）创建社会责任模型。中煤集团通过社会责任管理，改变长期以来煤炭行业给公众带来的刻板印象，充分挖掘并升华公司价值，实现经济、环境、社会的综合价值最大化，形成了中煤集团社会责任"钻石"模型，如图5-5所示。

图5-5　中煤集团社会责任"钻石"模型

钻石与煤炭是由同样元素构成的两种物质，仅因为碳元素排列方式的不同，造就了截然不同的品质和价值。钻石与煤炭之间的本质联系映射着中煤集团"创造美好生活"的责任使命。

4. 启动

中煤集团每年底组织召开社会责任工作会，听取所属各单位社会责任工作总结及下一年度工作部署，并邀请社会责任领域专家进行集中培训。同时，这个会议也是第二年社会责任报告编制工作的启动会，会上确立编写小组的主要成员及分工，同时根据中煤集团社会责任管理的工作现状，以及领导层对报告的建议要求，明确报告的编制思路、指标标准、重点内容、创新工作及总体风格，制定报告的编制计划和具体安排。

5. 撰写

（1）收集素材。为确保社会责任材料收集质量，中煤集团采用多种渠道收集资料：一是以下发公司公文的方式收集素材，收集所属企业社会责任报告和优秀社会责任案例；二是在集团公司网站开辟社会责任专栏，集团公司总部及所属单位可以以信息报送的方式发送日常履行社会责任活动情况；三是按照核心议题细化分解内容，有针对性地向集团公司总部部门约稿；四是到各企业进行调研，收集社会责任报告素材。

（2）形成报告框架。对确定的核心议题进行细化分解，形成社会责任报告的基本框架。

（3）确定报告指标体系。中煤集团依据核心议题，结合行业和自身发展的特点，参考相关社会责任标准及指南，建立起涵盖中煤集团发展主要指标的指标体系。

（4）修改完善。社会责任工作办公室根据社会责任报告框架对社会责任报告进行分工，并由社会责任工作办公室统稿形成初稿，再将初稿下发到有关部门和二级单位进行完善和审核，反馈后再由社会责任工作办公室进行把关，修改完善后形成印刷稿，实行上下联动、多次校对核稿，保证各指标数据和语言表达真实准确。中煤集团在保证报告真实性的基础上高度重视社会责任报告的可读性，对专业术语和缩略词都采用了平实通俗的语言进行表达，同时大量运用图、表，使表达方式更加直观。

6. 发布

（1）发布形式。中煤集团编制和发布企业社会责任报告工作一直走在前列，到目前为止，已经连续 13 年发布年度社会责任报告，主要发布形式：一是参加中国煤炭工业协会主办的煤炭企业社会责任报告发布会；二是召开专题发布会，邀请利益相关方代表参加；三是同年度业绩发布会同步发布；四是网络发布。

（2）发布范围。中煤集团社会责任报告主要向政府、投资者、员工、客户、供应商/承包商、合作伙伴、同行、社区和公众、非政府组织、媒体，以及所属各二级企业发布，利益相关方与公众可以登录集团公司网站下载相关报告的电子文档。

7. 反馈

信息反馈是提高社会责任报告质量的有效手段之一。中煤集团高度重视两方面的信息反馈：一是集团公司向内外部利益相关方反馈有关期望和未来行动计划，加强对外信息披露；二是接受读者对中煤集团社会责任报告的内容、信息披露、报告设计等的反馈意见。中煤集团将认真倾听各方意见，持续提高社会责任报告质量。

三、中国煤炭地质总局：聚焦央企责任担当，积极投身"三个地球"建设

中国煤炭地质总局紧紧围绕国家发展战略及"碳达峰""碳中和"目标，以建设"透明地球""数字地球""美丽地球"为战略愿景，推进"11463"总体发展战略，形成了地质勘查与矿产开发、地质环境与生态建设、地质工程与技术服务三大主营业务，构建了"地质业务全产业链覆盖、矿产开发全周期服务、生态环境一体化建设"的产业新格局，推动地质产业化、产业规模化、管理效益化，

163

获评 2021 年度央企国企"中国数字地勘生态修复产业链链长"。

（一）责任实践

多年来，中国煤炭地质总局（以下简称"总局"）坚决贯彻落实习近平总书记重要批示指示精神、党中央决策部署，以及国资委党委工作要求，践行"四个革命、一个合作"能源安全新战略，毅然决然扛起央企责任，牢记"国之大者"，坚守初心、担当使命，为社会发展贡献总局智慧和力量。

1. 践行绿色发展理念，助力美丽中国建设

总局坚持以习近平生态文明思想为指引，全面贯彻落实新发展理念，明确将"生态修复与环境治理"作为总局三大核心产业之一，大力推进相关业务开展，为经济社会发展提供生态环境保障和技术服务，为建设"美丽中国"贡献积极力量。

（1）坚持生态优先，践行绿色发展。总局把绿色低碳发展理念融入企业生产经营全过程，以地灾治理、环境修复技术为依托，扎根市场、精耕细作，做生态文明建设的先行者。矿山环境修复治理相关业务覆盖全国 20 余个省区，市场影响力持续提升。实施的青海省木里矿区生态治理项目克服零下 25 摄氏度的极寒天气和高原缺氧等困难，先后完成了地貌重塑、边坡整形、种草复绿工作，种草复绿面积两万余亩，出苗率达到设计指标，通过了省级检查验收，提前一年实现了"两年见绿出形象"的目标，打造了高原高寒地区矿山生态环境修复示范工程，创造了高原高寒地区生态环境治理的突出业绩，为三江源保护增添了浓墨重彩，如图 5-6 所示。中化局与遵化市合作建立集"政产学研用"为一体的"遵化模式"，先后实

施各类矿山地质环境综合治理项目约 2.6 亿元，储备项目总金额达 7.54 亿元。水文局承担的凯里市鱼洞河流域生态环境综合治理项目，提出了水污染治理新思路，先期试点龙洞泉污染治理工程，实现废水达标，还泉水清澈，为长江大保护做出了贡献。

图 5-6 青海省木里矿区生态治理项目提前实现"见绿出形象"的目标

（2）实施创新驱动，加快低碳转型。从保障国家能源安全、粮食安全、生态安全、生命安全的高度出发，成立了"总局碳中和研究院"，在发挥传统能源勘查、绿色能源开发、战略资源保障、应急抢险救援等独有优势的基础上，不断完善科技研发体制机制，深化碳中和应用科学研究，打造"双碳"监测、分析评估、开发利用、生态环境治理的综合研究及技术应用平台，助力实现"碳达峰、碳中和"目标。水文局大力推进中深层"取热不取水"关键技术研究与应用及浅层地源热泵规模化推广应用，在打造"无烟校区"和"无烟城市"新能源规划和设计、投资、运营等方面实现新的突破，积极推动我国地热能源产业健康、快速、持续发展，在实现双碳目标的时代大潮中贡献了红色央企力量，如图5-7所示。江苏局完成国内首个盐穴压缩空气储能库井建设，为"碳储存"技术探索奠定了基础。二勘局联合高校研发的新型清洁脱硫烟气治理技术，实现了二氧化硫近零排放，填补了国内技术空白，目前已与多家钢铁企业达成合作意向。

图5-7 "取热不取水"技术应用于雄安新区建设

（3）统筹优势资源，融入乡村振兴。总局成立乡村振兴部，出台《关于融入乡村振兴的指导意见》，开展相关业务培训，引导基层单位融入乡村振兴战略，统筹协调全局优势资源，与国家乡村振兴局、国家林草局交流沟通获取政策支持，与中国农业发展银行签署全面战略合作协议，解决乡村振兴项目建设中融资难问题，支撑服务新农村建设。全年完成百余个场地调查和农业土壤污染状况调查项目，农村宅基地确权登记累计发证70余万本。航测局连续中标陕西宝鸡、河南驻马店等地国土空间规划编制及西安智慧农业项目，向上产业链得到延伸。一勘局积极开展土地整治和高标准农田建设，完成施工面积7.6万亩，新增耕地近2万亩。湖北局中标云南省广南县土地整治及生态修复、耕地整治总承包项目，合同金额10亿元；中能化建设承担的杨庄高效智慧循环农业产业示范园项目被列入山东省重点关注项目、国家可持续发展支撑项目。

2. 加大自主创新力度，助力科技强国建设

聚焦保障生态安全、助力乡村振兴、服务矿山救援，推进科技体制改革，加大科技投入，发挥科技优势，激发创新工作活力，增强科技队伍凝聚力和战斗力，为实现创新驱动发展提供坚强支撑。

（1）完善科技创新体系。积极推动产业深度融合、协同创新，申报国家级、省部级重点实验室，与地方合作建立科技产业园及技术研发中心，培育示范企业，申报高新技术企业，获批 3 个院士工作站/室、1 个博士后科研工作站、10 个省部级科技创新平台、1 支部级科技创新团队、25 个总局级科技创新平台，为科研人员潜心研究、科研成果有效转化提供良好的科研平台。加大研发投入强度、成果转化能力等考核权重，推动重大科技创新成果、平台与团队建设取得突破，有效激发科技创新活力。2021 年新增专利授权 678 项，同比增长 30%，其中新增发明专利 68 项，同比增长 35%，专利工作在中央企业排名同比提高 17 个名次。

（2）攻关关键核心技术。总局统筹部署核心技术和"卡脖子"技术攻关，围绕自身优势及实际，加强内外合作，共同全面推进科技研发工作良性发展。聚焦改善生态环境，引领乡村振兴、生命安全等领域，"中低煤阶煤层气'甜点区'预测技术研究""地面生命保障孔精准定位及快速成孔技术""大气重污染成因与治理攻关"等近 20 项研究技术获得国家重大科技专项、国家重点研发计划和国家自然科学基金，以及省部级研发项目支持，加快推动企业自主创新，助力高质量发展。国资委"1025"专项工程实施取得重大突破，

实现了关键核心技术突破和科技成果的市场化转化。"高原高寒矿山生态环境修复与治理关键技术"成果填补了国内外空白，并成功应用于青海木里矿山生态治理工程，3 项科技成果入选国资委央企年度科技创新成果目录、工信部产业发展试点示范项目。

（3）打造原创技术策源地。大型煤炭基地资源勘查与潜力评价相关技术获中国煤炭工业科学技术一等奖，自主研发的矿井水防治技术在山西、内蒙古、陕西等煤炭矿山广泛应用，"面向绿色矿山的注浆关键技术与应用"等多项成果通过鉴定，达到国际领先水平，"煤炭资源地质保障领域原创技术策源地"初具雏形。成立碳中和研究院，获批 4 项"双碳"领域国家自然科学基金、重点研发计划等国家级科研课题。通过"揭榜挂帅""军令状"等项目实施方式，在清洁能源勘探开发、CCUS 等方向设立攻关专项，打造"双碳"地质保障领域原创技术策源地。

3. 充分发挥专业优势，为人民群众的生命安全保驾护航

总局始终坚持履行社会责任，同国家矿山安全监察局签订战略框架合作协议，成立"安全与应急研究院"，面向国家重大战略需求，助力解决地质灾害问题，并积极融入企业发展战略，充分利用专业技术优势，在抗灾救灾、疫情防控等方面全力以赴，积极服务民生建设，为人民群众的生命安全保驾护航。

（1）切实发挥矿山救援主力军作用。2021 年，大地特勘救援队先后参与山东笏山金矿爆炸、新疆昌吉州丰源煤矿透水、山西代县铁矿透水、青海省刚察县西海煤炭公司柴达尔煤矿泥浆崩塌四起事故救援任务。其中，在山东笏山金矿救援过程中，率先打通 3 号、4 号生命通道，找到幸存的 11 名矿工，创下国内救援难度最大、速度最快、

救人最多等多项纪录，获评"全国应急管理系统先进集体"，并在表彰大会上受到习近平总书记的亲切接见。

（2）加强地质灾害监测预警。湖北局承接了湖北省十堰市郧西县2021年度地质灾害群专结合监测预警项目建设，完成区域内31处隐患点共计79台套监测设备的安装调试和上线工作，为地方政府防灾减灾决策，为滑坡地质灾害的勘查、治理等工作提供了有力、可靠的技术支持，为确保人民群众生命安全打下坚实的基础。

（3）积极服务疫情防控。浙江局积极参与当地疫情防控工作，2021年以来，旗下酒店继续作为杭州综合服务点，提供"中高风险区域"来杭、返杭的人员实行核酸和血清检测，接待归国留学生、归国侨胞、重点疫区返杭人员等进行医学隔离观察，为医疗疾控工作人员提供住宿、餐饮等后勤保障，累计接待回国医学观察人员14批次共1400余人，接待各类核酸检测人员4000余人次，圆满完成各项保障任务。

（4）参与抗灾救灾工作。青海局积极参与青海玛多"5·22"地震震区地灾排查工作，排查各类地质灾害隐患点798处，涉及人员3万余人，财产14.46亿元。地下空间公司支援郑州抗洪救灾，完成51千米重点道路的探测任务，发现18处塌陷隐患；同时以西宁海湖新区排水设施能力提升等智慧排水项目建设为依托，实现了对所在城市排水防涝重点区域及设施的全面监控，有效加强了排水防涝指挥部的调度指挥能力。

（二）责任报告

中国煤炭地质总局依据国务院国资委《中央企业履行社会责任

的指导意见》和中国社会科学院《中国企业社会责任报告编写指南》，自 2017 年以来，连续 5 年发布企业社会责任报告，内容涵盖安全生产、自主创新、绿色发展、抢险救援、精准扶贫、抗击疫情等，全方位、多角度立体展现总局社会责任履行情况，回应新时代经济、社会和环境的热点问题。2020 年荣获"全国煤炭工业社会责任报告发布优秀企业"称号。

（三）报告管理

中国煤炭地质总局高度重视社会责任管理工作，将社会责任报告作为企业推进社会责任管理、持续改进社会责任工作、提升管理水平和竞争力的有效方式，探索将社会责任理念融入使命、价值观和愿景，形成具有总局特色的社会责任观。为进一步推动工作落实，总局成立了社会责任指导委员会，由党委副书记任组长，党委办公室、规划发展部、经营管理部、地质科技部、资产财务部、党委组织部等部门主要负责人为组员，明确了党委宣传部为归口管理部门，构建"各司其职、全员参与、全方位融合"工作格局，促进了企业社会责任理念在总局内部传播和责任意识的提升，形成了责任文化，使履行社会责任成为总局的自觉行动和发展的内在动力。

总局编制社会责任报告，以积极投身"三个地球建设"为重点内容与设计主线，将总局生产经营、规划发展、党建管理等工作系统展现，坚持生态优先、绿色发展，保障能源与生态安全；坚持人民至上、开展应急救援，保障矿工生命安全等，塑造了责任央企的良好形象，赢得了利益相关方的利益认同、情感认同、价值认同，也赢得了社会各界的理解、信任和支持，从而实现社会责任报告工作由文字加工、编辑向真正的社会责任管理转变。

　　总局社会责任报告在理念、形式和内容上创新亮点纷呈。在编制发布报告过程中，总局探索将社会责任理念融入使命、价值观和愿景，形成具有企业特色的社会责任观。报告紧紧围绕国家发展战略及"碳达峰""碳中和"目标，把"双碳"纳入总局整体发展布局，加快建设绿色低碳产业体系；加强自主创新，深入推进原创技术策源地建设；实现区域融合，服务国家发展战略；发挥技术优势，融入乡村振兴战略。在形式上，以数据、图片、文字等多元方式呈现，提高报告的吸引力和可读性。通过创新，从根本上提高了社会责任报告整体质量。

四、中国神华：主动履责勇担当，携手共圆中国梦

　　中国神华能源股份有限公司（以下简称"中国神华"）认真落实国务院国资委《关于中央企业履行企业社会责任的指导意见》，坚持高质量发展和新发展理念，响应国家"碳达峰、碳中和"目标，在保障国家能源安全的基础上，坚决服务国家生态战略，积极投身公益事业，加强与利益相关方沟通，维护社区关系，坚持精准扶贫，全面保障员工权益，努力回馈社会。公司遵循中国证监会、上海证券交易所、香港联合交易所监管要求，参照全球可持续发展标准委员会（GSSB）等国际标准，按年度发布社会责任/ESG 报告，全面客观地展现经济、安全、环境、社会等方面的绩效。

（一）责任实践

（1）重视社会责任管理，将 ESG 理念融入企业发展战略和生产经营，推动企业实现可持续发展。中国神华建立了董事会决策、董事会专门委员会监管、管理层负责、专业工作组推进的环境、社会责任和公司治理（以下简称"ESG"）体系，范围覆盖本部、子分公司、厂（矿、段）及海外项目。董事会是 ESG 事宜的最高负责及决策机构，对公司 ESG 策略及汇报承担全部责任，监察公司 ESG 相关事宜。董事会安全、健康及环保委员会由 3 名成员组成，公司总经理任主席，负责监管碳排放、水资源管理等 ESG 关键议题承诺及表现，评估公司 ESG 相关风险，制定并定期监察公司 ESG 管理方针、策略及目标，并向公司董事会汇报。公司本部组建安全环保、社会贡献和企业治理三个 ESG 工作组，负责公司具体 ESG 事宜的执行与推进，定期向安全、健康及环保委员会汇报工作进度，并审视风险。公司 ESG 治理办公室配备 3 名专职工作人员，负责统筹协调和推进落实日常 ESG 管理工作。

中国神华扎实开展 ESG 专项行动，将 ESG 理念融入企业发展战略和生产经营。制定《环境、社会与公司治理管理办法（试行）》，确保公司 ESG 治理体系有效运行，全面提升 ESG 履责能力。编制《"十四五"ESG 治理专项规划》，明确了未来五年 ESG 治理工作的重点方向及"三步走"的推进策略，并制定年度实施计划，对规划目标进行落实。建设应用覆盖公司所属产权单位的 ESG 管理信息系统，对公司 ESG 数据实施信息化管理。公司通过强化 ESG 培训、参加国家级中国企业论坛、加强宣传等形式，推动 ESG 履责能力和管理工作不断迈上新台阶。公司履行社会责任的综合表现突出，按《中国企业会计准则》计算，2020 年每股社会贡献值 5.69 元。2021年，公司 ESG 治理经验被新华社、中国证券报等主流媒体广泛报道，入选国资委课题组"央企 ESG·先锋 50 指数"，获得首批中国ESG 示范企业等 10 余项荣誉。

（2）关注相关方的诉求，持续为投资者、客户、供应链、员工等创造共享价值，实现与利益相关方和谐共赢。中国神华坚持通过取得良好的经营业绩、提供优质的产品和服务、公开透明的采购、有竞争力的福利待遇等，为投资者、客户、供应商、员工创造价值。公司认真贯彻落实新《证券法》，倡导良性投资文化，力促发展成果共享，形成了关心、关爱、关注投资者特别是中小投资者合法权益的共识和氛围，提高了全员保护投资者的意识。给予投资者稳定的回报，持续大比例现金分红，上市以来公司已累计派发现金股息3010 亿元。坚持依法合规，真实、准确、完整地披露信息，精心组织业绩发布会和路演活动，有针对性地回应机构和个人投资者的不同需求。公司坚持"以客户为中心、以市场为导向"的原则，建立与客户精诚合作、互惠互利的产业链，注重保护客户隐私，追求与客户建立长期、稳定、共赢的合作关系。公司积极推进"绿色采购"，优先采购在全生命周期中对环境无害或者危害较小、资源利用率高、能源消耗量低的产品，推动整个供应链践行环境保护和社会责任。公司秉承"生命至上"理念，构建完善的职业安全与健康管理体系，切实保障员工生命安全和健康。持续推进人才管理体制机制创新改革，维护和保障员工各项合法权益，优化工作环境，弘扬工匠精神、劳模精神，激发员工创新活力，努力建设知识型、技能型、创新型劳动队伍，实现公司价值与员工价值相统一，增强员工安全感、参与感、获得感，与员工携手同创美好未来。

（3）坚持绿色发展理念，切实加强节能减排和环境保护，保护人类赖以生存的绿水青山。中国神华积极推动煤炭资源的清洁开发与利用，不断提高能源利用效率，减少生产经营对环境的影响。一是煤炭清洁生产。煤炭生产实现了"采煤不见煤"。通过实施特大型矿井群资源协调开发技术，支撑了以神东千万吨矿井群为核心的安全高效亿吨级煤矿区的协调发展，实现了千万吨矿井群的规模化发展。通过优化工作面布置，提高综采工作面装备能力及水平，研发大采高、放顶煤、薄煤层高效开采技术，推广线性支架房采工艺等途径，井工煤矿采区回采率达到84%，且吨原煤生产综合能耗只有约2.7千克标准煤，达到世界先进水平。二是煤炭的清洁转化。中国神华率先提出并实施实现煤电超低排放改造。改造后，烟尘、二氧化硫、氮氧化物排放指标均低于天然气发电排放标准，做到了在发电领域"用煤和用气一样干净"。2018年底，中国神华全部常规煤电机组实现了超低排放，提前两年完成超低排放改造目标。公司煤化工板块通过加强科技投入、强化环节控制，对生产过程中水资源进行循环利用，实现了废水的近零排放，彻底颠覆了人们对煤化工企业废水排放多的传统认识。三是煤炭的清洁运输。运输板块积极开展铁路装卸站粉尘治理、建设绿色高效数字化铁路港口，将2400千米运煤专线打造成绿色走廊，实现"修一条路，带动一方经济，绿化一方水土"。

中国神华坚持"产环保煤炭，建生态矿区"的理念，为社会提供清洁优质煤炭资源的同时，积极打造生态矿区，走出了一条煤炭开采与生态环境协调治理的主动型绿色矿山之路。神东矿区坚持每年从吨煤成本中提取 0.45 元作为环保资金，专门用于环境治理和生态保护。30 余年来，累计治理面积 384 平方千米。全矿区植被覆盖率由开发初期的 3%~11% 提高到 64%，矿区风沙天数由 25 天以上减少为 3~5 天，植物物种由原来的 16 种增加到近 100 种，有力逆转了原有的脆弱生态环境退化方向。准能集团坚持"边开采、边复垦"，大力推进绿色矿山建设，初步形成了采矿过程与生态发展有机融合、人与自然和谐共生的"采复农园"协同发展模式。累计复垦总面积 3000 余公顷，矿区复垦率达到 100%，植被覆盖率由原始地表的 25% 提高到 80% 以上，水土流失控制率 80%，黑岱沟与哈尔乌素露天煤矿均被评为"国家级绿色矿山"，准格尔矿山公园被国土资源部授予"国家矿山公园"资格。

中国神华积极关注民生和社会进步，在社会帮扶、救灾救援、海外社区建设等领域，通过物资捐赠、公益活动、志愿行动等，解决社会发展难题，努力推进经济和社会的和谐发展，共创美好社区。

（二）责任报告

1. 报告概览

中国神华在 2005 年度报告和 2006 年度报告的相关章节中披露了公司的企业社会责任理念及所做的努力。2007 年度首次采用了单行本的方式发布企业社会责任报告，旨在全面反映公司的科学发展、诚信经营、公司治理、安全生产、员工权益、环境保护、节能减排、自主创新及社会公益等各个方面的工作情况。截至 2018 年，公司共发布 11 份年度社会责任报告。2019 年起，中国神华主动适应资本市场越来越关注企业可持续发展能力的趋势和监管规则变化，尝试发布ESG 报告，2020 年提前按照香港联合交易所新版《环境、社会和管治报告指引》要求编制披露 ESG 报告，进而推动公司不断完善 ESG 治理架构、管理体系和 ESG 管理信息系统，在筑牢 ESG 信息披露基础的同时，有效促进了公司 ESG 治理水平提升。至今，公司已发布三份 ESG 报告。

公司对报告内容持续进行调整、丰富和完善。2020 年度 ESG 报告已包括开篇、专题、公司治理、ESG 管治、产品责任、安全健康、环境保护、员工关爱、社区公益、附录 10 个部分，共约 4.5 万字。报告全面满足香港联合交易所新版 ESG 指引要求，共披露各类定量指标 141 个，设定了气候变化、污染物排放、水资源管理和能源节约等管理目标，首次将公司的 ESG 行动与成效与联合国 2030 可持续发展目标进行回应，内文采用更多的图标、图表，可读性更强，体现了追求创新的思想、清新自然的风格、美观大气的品质。

中国神华社会责任/ESG 报告以简体中文、繁体中文及英文三种文字印刷出版，同时以 PDF 电子文档形式向利益相关方及社会公众公布。报告纸质版印刷数量按照实际使用数量安排，通过参加中国煤炭工业协会"煤炭行业企业社会责任报告发布会"、在公司网站和新媒体刊载、利益相关方赠阅等途径进行推广。

2. 报告投入

中国神华社会责任/ESG 报告由公司信息披露主管部门牵头，ESG 治理等本部部门和子分公司参与，组织咨询机构、律师、审计师、印刷商共同完成。其中咨询机构负责协助公司梳理监管要求和指标体系，搭建报告框架，审计师负责报告的独立鉴证，律师负责文字和规则把关，印刷商负责排版设计和印刷、寄送服务。在人员投入方面，公司直接参与编撰人员 2~3 人，支持协助人员 60 余人，中介机构约 15 人。报告的资金投入由招标采购结果确定。

（三）报告管理

1. 组织

中国神华社会责任/ESG 报告由公司管理层、审计委员会和安全、健康及环保委员会审阅，经董事会审批后发布。公司信息披露主管部门负责按照 ESG 信息披露指引制订报告信息收集指南、编印报告和组织报告的发布与传播等。公司 ESG 管理部门负责 ESG 体系建设、信息系统建设、收集并汇总 ESG 信息等。公司本部安全环保组、社会贡献组和企业治理组三个 ESG 工作组负责具体推进落实本领域的 ESG 工作计划和专项行动。各子分公司根据工作需要参与ESG 管理工作。

2. 策划

中国神华一般于每年 11 月上旬召开社会责任/ESG 报告编制启动会，12 月上旬进入编制阶段，次年 3 月下旬完成报告披露工作。启动会议由公司总经理召集，公司本部各部门和相关子分公司信息披露人员参加。会议对最新监管要求及信息收集指南进行讲解，明确报告编制工作时间表和报告范围。

3. 界定

（1）报告编制依据。报告按照香港联交所《上市规则指引》附录二十七——"环境、社会及管治报告指引"和上海证券交易所《上市公司环境信息披露指引》《关于加强上市公司社会责任承担工作暨发布〈上海证券交易所上市公司环境信息披露指引〉的通知》《〈公司履行社会责任的报告〉编制指引》《关于进一步完善上市公司扶贫工作信息披露的通知》和《上市公司环境、社会责任和公司治理信息披露指引（征求意见稿）》等要求编写，并参考全球可持续发展标准委员会（GSSB）发布的《GRI可持续发展报告标准》（GRI Standards）和明晟指数编制公司（MSCI）评级标准，应对气候变化部分内容参考气候相关财务信息披露工作组（TCFD）建议。

（2）报告编制原则。

1）重要性原则：中国神华每3~5年通过"议题识别—议题排序—议题审核—批准和公布"四个步骤确定实质性议题，并以此为切入点推进公司ESG管理和披露工作。公司通过研究行业及ESG治理发展趋势，结合国内宏观政策导向，并参考国内外相关标准要求，识别与公司业务密切相关的社会责任主要议题，提炼行业热点议题，进行分类整理，搭建议题库并制作实质性议题问卷。问卷以开放和定向两种方式，通过中国神华公众号、公司外网、SRM系统和国家能源e购平台，以及邮件等多种方式形式向员工、供应商、客户、投资者、政府、公益性组织等发放。公司根据实质性原则和利益相关方参与原则，计算实质性议题问卷中各议题分别在"对经济、环境和社会影响的重要性"和"对利益相关方的重要性"两个维度的得分，绘制实质性议题矩阵图，确定议题的优先级，从而筛选出对企业可持续发展影响最为关键的议题。通过内部管理层与外部专家两种渠道对经过排序的议题进行审核后，将实质性议题报安全、健康及环保委员会审阅，并经董事会审批。实质性议题的识别过程和最终结果通过ESG报告对外公布。

2）量化原则：中国神华建立了覆盖公司本部和所属企业的 ESG 指标信息化管理系统，对 ESG 报告中所有"环境"范畴及部分"社会"范畴的量化关键披露指标进行定期统计，并于年末汇总、披露。报告中对 ESG 量化数据的计算方法及引用标准进行说明，便于投资者了解数据背后的逻辑。

3）一致性原则：公司披露当前年度报告与历年 ESG 报告披露范围是否有重大调整，且是否使用一致的披露统计方法，并对相关 ESG 指标数据披露多年进行情况对比，便于投资者掌握相关数据的变化趋势。

（3）研究分析。中国神华结合工作实际，考虑 MSCI 评级、世界 500 强排名、业务规模、行业知名度等方面的情况，选定能源行业 ESG 治理情况对标对象，每年组织开展对标分析。对标重点是 MSCI 评级较高的企业 ESG 表现及报告披露情况，从而发现中国神华评分较低的点，使 ESG 管理从业员工了解世界优秀企业的做法，并有针对性地完善中国神华的管理策略。

（4）报告编写。一般分为前期准备、报告撰写、报告设计、报告审核、报告发布五个阶段，历时 4~5 个月编写完成，如表 5-2 所示。

表 5-2　报告编写阶段

编制步骤		工作内容	归档材料	时长
前期准备	项目启动和培训	明确时间计划表、项目培训课件、参会人员名单、工作组的职责与分工	培训课件、现场照片	2 周
	资料搜集	编制资料清单、发布资料搜集通知	资料清单	1 周
	调研访谈	编制访谈提纲、联系受访人	访谈记录	2 周

续表

编制步骤		工作内容	归档材料	时长
报告撰写	报告框架	讨论确定框架方案，包括内容与形式	报告框架	1 周
	报告大纲	编制报告大纲，审核确定各章节要点	报告大纲	1 周
	报告初稿	编制报告初稿、讨论修改；编制资料清单，进行数据、图片的二次搜集；修改文稿，至文字定稿	报告文字稿	3 周
	部门审核	审核，补充缺失的数据信息、文字和图片资料	文字定稿	1 周
	报告翻译	中文定稿翻译，注意时间进度掌控	英文报告	2 周
报告设计	设计方案	确定报告设计方案，包括封面、封底和内页	设计方案	2 周
	设计校对	组织设计校对，注意披露内容的落实及时间进度的把握，保证版本正确无误	报告设计稿	2 周
报告审核	审核	安全、健康及环保委员会，审计委员会审核后向董事会汇报	报告定稿	1 周
报告发布	批准	董事会审批报告后挂网披露	披露稿	1 天

4. 总结

（1）领导重视是前提。ESG 报告涉及企业环境、社会和公司治理各项内容，从环境范畴的气候变化、能源消耗、废弃物管理，到社会范畴的用工管理、产品责任、供应链管理、社区投资，再到董事会运作等公司治理事宜，几乎覆盖公司运营管理的方方面面。只有公司主要领导重视 ESG 治理工作并亲身指导、参与到工作中去，才能真正促进 ESG 信息披露水平的持续提升。

（2）良好治理是基础。没有良好的公司管治，高质量的信息披露无从谈起。上市以来，中国神华加强"三会"建设，不断提升规范运行水平；建立健全公司 ESG 制度和流程，重视信息化建设，实现了业务流程和信息披露的紧密结合，从根本上保障了有效治理和合规披露。

（3）指标体系是核心。ESG 指标体系是公司加强 ESG 管理和考核，强化社会责任沟通，提升 ESG 治理表现的重要工具。中国神华全面梳理港交所、上交所、MSCI 评级、CDP 评级相关要求，结合公司的具体情况，完善 ESG 指标体系，确定了 ESG 工作的重点底线、中线和高线的 184 个指标，并分阶段落实。

（4）部门协同是关键。中国神华各部门和单位已普遍建立"公众公司"的意识，自觉将 ESG 信息披露要求纳入本职工作，承担起对报告中的定性、定量数据的审核工作。"众人拾柴火焰高"，高效的内部协作、高质量的数据信息为信息披露工作奠定了坚实基础。

五、准能集团：践行央企责任担当，以绿色发展为引领，开创和谐共赢新局面

准能集团成立伊始，就担负着为国家和社会提供绿色能源的企业使命。多年来，准能集团将先进管理与准能实际相结合、创业历史与发展现状相结合、优秀传统与开拓创新相结合，使准能集团始终能够在时代发展和市场变化中同心协力、稳步向前，在创建世界一流能源集团的道路上不断创造辉煌。对社会责任的担当，是准能精神的体现，是准能履行使命的坚实步伐，更是对准能初心的践行。公司坚持安全生产、绿色发展，保障员工权益，实现利益相关方的利益最大化，不断推动社会责任融入公司发展规划和管理体系，社会责任工作正一步一个脚印、有条不紊地向高层次、专业化发展。

（一）责任实践

多年来，准能集团积极投身城镇化建设、环境保护、水土保持、

扶贫帮困等社会事业，与社会各界共享改革发展成果，彰显了企业积极履行社会责任的使命与担当，赢得了社会各界的好评。公司先后荣获"全国环境保护先进单位""内蒙古自治区直属机关企事业单位定点帮扶工作先进单位""全国文明单位""全国煤炭工业社会责任报告发布优秀企业""露天煤矿采复一体化先锋""煤炭工业节能减排先进企业"等称号。

1. 积极投身地方经济建设，谱写企地和谐之歌

企业发展需要地方政府的支持，地方的发展也需要企业的经济贡献来支撑。长期以来，公司以"同享共赢"为理念，积极服务社会、奉献社会，全力推动社会发展与企业发展，促进经济与社会的全面进步、企业与社会的和谐共生。

（1）助力地方城镇化建设。作为央企的一员，公司一直是准格尔旗的纳税大户。在企业发展的同时，公司积极投身当地基础设施建设，截至2021年已累计缴纳税费546.08亿元。1976年准格尔项目正式批准成立，1996年准格尔旗人民政府迁入薛家湾镇。由于准能集团成立早于地方政府迁入，在地区经济建设刚刚开始时，社会事业发展不配套、功能不到位，政府社会保障服务不健全，因此，准能集团公司承担着薛家湾镇的文教、卫生、消防，以及供水、供暖、供电、网络、通信及污水处理等各项社会职能，解决了职工的后顾之忧。

2001年根据国家剥离国有企业办社会职能的有关政策，公司开始对公安、学校、医院、居委会进行了移交，同时将过境公路、消防业务等资产也无偿移交给准格尔旗人民政府，大大加强了地方的基础设施建设。2004年6月，无偿划拨的资产包括拘留所、建行办

公楼、薛家湾邮电局，账面价值2000多万元；2004年7月，公司将一号公路、二号公路、水源公路等移交准格尔旗人民政府，移交涉及资产9014.47万元，一次性补贴费用166.20万元。2004年，一次性赞助500万元用于发展教育，用于职工总医院购置医疗设备26.87万元；2006年，给地方政府拨款300万元用于教育设施的完善。2016年启动"三供一业"分离移交，分离涉及15个职工家属区，共288栋住宅楼、678个单元、8118户。业务涵盖供水（供浴）、供电、供热、物业管理，以及承担市政功能的污水处理系统和公共区域的道路、环卫、绿化、公园、照明、垃圾清运等业务，维修改造项目资金投入约3.93亿元。

（2）惠泽地方民生。公司利用自身铁路支持地方经济发展，合理安排地方运力，自1995年7月开通至2011年底，为地方企业大同口发运煤炭约合3.71亿吨，间接创造经济效益160余亿元，同时也为铁路沿线老百姓的出行提供了便利的交通条件。公司在持续健康发展过程中，全面带动周边相关产业发展，激活了区域人力资源市场，积极创造条件为地方劳动力提供就业机会，有效缓解了所在区域剩余劳动力就业压力。截至2020年底，直接或间接为社会累计解决就业超过20000人。国家矿山公园项目的实施，可辐射带动就业岗位1000余人，为促进当地社会和谐与稳定起到了积极的推动作用。

2. 开发绿色清洁燃料，引领行业转型升级

为了进一步提高煤炭产品盈利能力，满足客户个性化需求，公司积极落实煤炭定制化生产新模式，推进煤炭生产利用一体化。准格尔煤炭为低硫、特低磷、高灰熔点、较高挥发分的长焰煤，是优质动力用煤和化工用煤，享有"绿色煤炭"的美誉，准能集团原有

商品煤种类主要是准混 4900、准混 4300、准混 4000 三个品种，全部作为动力煤销售。但受铁路运输车辆车型和派车结构制约，以及国标采制化要求，优质的准格尔煤炭只能以低廉的价格销售到电厂发电，没有充分发挥其绿色煤炭的功能，未能充分实现清洁环保高效应用。

2017 年在广东众多陶瓷厂家大力寻找既能烧制出高品质的陶瓷产品，又能减少对环境污染燃料的背景下，准能集团立足客户需求，积极筹备组建了块煤领导小组，并多次组织相关单位人员，携同科研机构人员，对广东块煤用户进行市场调研，走访了十多家陶瓷厂，掌握了大量资料和数据，明确了集团块煤在使用中存在的问题，制定了试验研究解决方案。在试验室研究的基础上，组织了两次大型工业试验，对试验数据进行了全面分析，持续优化块煤使用方案和生产方案，并结合市场定位，最终开发出准能环保块煤产品及准混 5200 动力煤产品。准能环保块煤与神东环保块煤按一定比例配煤可以优势互补，形成一种环保性能、技术经济性能更优的气化原料煤——神华环保块煤。该煤种克服了单一煤种存在的气化温度低、效率低等问题，形成了"三高三低一稳定"的优质产品，即高发热量、高灰熔点、高燃尽率、低灰、低水、低污染、质量稳定的优质专用气化用煤，与以往使用的传统块煤相比，其具备的特性堪称建筑陶瓷生产行业的"优选燃料"。

3. 提升永续发展力，开拓绿色发展新模式

准格尔矿区属典型黄土高原地貌，重度缺水、植被稀疏、生态脆弱，是我国水土流失最严重地区。露天开采大面积扰动地表，势必对原生生态环境造成一定程度损害，如何保持水土、恢复植被、

筑牢生态之基,实现企业"生态优先、绿色发展"是准能集团永恒的课题。从开矿之初就因地制宜、科学规划,与科研院所密切合作,攻关技术难题,不断实现新的突破,坚持不懈地对矿区生态环境予以保护,将绿色环保与基本建设、生产经营同步进行,四十年始终如一,久久为功,创新形成"采—复—农—园"绿色协同发展模式。形成了系统的、具有代表性的准格尔露天开采绿色开发理论和技术,为实现生态优先、绿色发展提供了重要的理论指导和技术支持。

(1)协同推进煤炭开采与生态保护,实现采复一体化。在水土流失严重的黄土高原开发大型露天煤矿,为实现煤田开发与生态建设协同发展,准能集团四十年如一日,严格按照规范进行排土作业、土地重构,水土保持和生态重建,有效解决水土流失,形成了特大型露天煤矿绿色开采经济发展的专业理论和技术,把矿区沟壑纵横的"鸡爪子山"变成万亩良田,为露天矿复垦绿化及向现代生态农牧业产业延伸奠定了基础。颠覆了煤炭粗放式开采的"剧本",将滚滚乌金奉献于社会的同时,让黄土变沃土,将原本沟壑纵横、植被稀疏的"鸡爪子山"变成了如今瓜果飘香、草木繁茂的绿色家园,如图5-8所示。准能集团公司现已完成复垦绿化土地5万亩,累计投入16.71亿元,治理率100%,植被覆盖率由最初的不足25%提高至80%以上,水土流失量从13000吨/平方千米·年降至1500吨/平方千米·年,水土流失控制率80%以上,生态系统实现正向演替、良性循环,植被种群由单一趋向多样化发展。野生动物数量逐年递增,生态平衡系统已见雏形,矿区呈现人与自然和谐共生的生态美景。经中国科学院生态环境研究中心测算评估,矿区GEP由2016年的18.46亿元增加至2020年的27.59亿元,增加9.13亿元,年均增加 1.83 亿元。

图 5-8　黑岱沟露天煤矿东排土场

（2）全面发展绿色经济，实现生态资源产业化。探索创新发展模式是为建设行动保驾护航的有力保障，准能集团牢牢把握"改变矿区复垦模式，加快促进农业增效"发展要求，投资 2 亿元，与准格尔旗人民政府联合成立了准格尔旗矿区生态建设发展有限责任公司，着力开始探索生态农牧业发展之路，开创了"采—复—农"协同发展模式，运用"生态+"多元转化机制，大力推进矿区的光伏农业和现代果、林、菜、畜优质高效农业快速发展，打造集现代农业、生态养殖、生态景观防护林、农业观光于一体的生态农业产业化示范基地，综合灵活运用技术指导、科学管理，打造"绿水青山"直接转化成"金山银山"的一体式路径，着力提升区域发展质量，如图 5-9 所示。在农作物的试种中，比原有农田增加产量 3 倍，牧草产量增长 3~5 倍。经过人工复垦的矿山经过土地土壤熟化后，表层土壤结构得到极大改善。现存栏优质肉牛 2000 多头，牧草基地 10000 多亩，开发饲料及小杂粮种植基地 3000 多亩，建成采摘日光温室 20 栋，野营观光蒙古包 20 座，自行车观光道 10 千米，种植观赏花卉 100 多亩。这样既守住了绿水青山，又实现了共同富裕，完成了复垦土地对农牧民的反哺，推动了地方经济的和谐绿色发展。

图 5-9　黑岱沟露天煤矿内排土场生态牧场

（3）着力建设国家矿山公园，打造矿区绿色工业旅游新高地。在"生态+旅游业"方面，积极开展国家级绿色矿山公园建设，依托生态文明建设成果，深度挖掘矿山旅游资源，开发"科技+工业"的旅游模式，探索可持续的转型发展道路，全力打造矿山工业旅游新名片。矿区建设发展中保存了大量的矿业生产遗迹与地质遗迹，累计投入 2 亿元进一步完善和提标改造，基本具备生态、矿业遗迹、科普旅游等功能，2017 年底，"准格尔国家矿山公园"成功获批，在推动区域绿色发展方面增加了一个"国字号"的品牌。准能集团筹建国家矿山公园、建造矿山博物馆、成立矿山文化教育基地，通过影像和场景还原，展示矿业生产遗迹、地质遗迹与独具特色的自然与人文景观，以矿山博物馆为依托，建立最早开采区域地标，展示煤炭开采和复垦中用到的大型设备，打造露天印象，开发工业旅游，带动经济发展。形成"采—复—农—园"绿色协调发展新格局，走出了一条独具准能特色的绿色发展之路，也为"绿色矿山"建设再添新亮点。

（二）责任报告

自 2012 年开始参加由中国煤炭工业协会每年 5 月 12 日组织召开的煤炭行业企业社会责任报告发布会以来，准能集团已连续 4 次参加该发布会，集团公司党委副书记、纪委书记、工会主席秦泰三次作为与会代表在发布会上先后以《建设七彩准能，共享发展成果》《建设清洁绿色准能，共享改革发展成果》《以新发展理念为引领开创和谐共赢新局面》为题进行了发言，向与会代表与媒体展现了公司履行社会责任所取得的突出成绩，彰显了公司作为央企的主动作为和责任担当，为公司获得了更多的行业赞誉，赢得了更多的社会支持，树立了良好的企业形象。同时，公司连续四次被中国煤炭工业协会评为"全国煤炭工业社会责任报告发布优秀企业"。如表 5-3 所示。

表 5-3 准能集团社会责任报告参会情况

时间	关键事件	取得荣誉
2014 年 5 月	发布了题为《建设七彩准能，共享发展成果》的社会责任报告	被中国煤炭工业协会评为"全国煤炭工业社会责任报告发布优秀企业"
2016 年 5 月	发布了题为《建设清洁绿色准能，共享改革发展成果》的社会责任报告	被中国煤炭工业协会评为"全国煤炭工业社会责任报告发布优秀企业"

续表

时间	关键事件	取得荣誉
2018 年 5 月	发布了题为《以新发展理念为引领开创和谐共赢新局面》的社会责任报告	被中国煤炭工业协会评为"全国煤炭工业社会责任报告发布优秀企业"
2020 年 8 月	发布了《神华准能集团有限责任公司 2019 年度社会责任报告》	被中国煤炭工业协会评为"全国煤炭工业社会责任报告发布优秀企业"

（三）报告管理

公司坚持安全生产、绿色发展，保障员工权益，实现利益相关方的利益最大化，不断推动社会责任融入公司发展规划和管理体系，社会责任工作正一步一个脚印、有条不紊地向高层次、专业化发展。准能集团认真贯彻落实国家能源集团社会责任工作决策部署，充分考虑自身的实际情况和现有资源，根据煤炭产业特点和需要与公司企业文化和经营战略有机结合，不断规范社会责任管理。为确保公司责任治理体系有效运行，明确了分管领导作为公司社会责任工作的第一责任人，重点任务亲自部署、重大方案亲自把关、关键环节亲自协调、落实情况亲自督查。企业管理部牵头组织各部门结合工作实际，把履行社会责任纳入企业发展规划、生产经营等各个环节中，形成了部门分工负责、各司其职、齐抓共管的社会责任工作格局。

公司按照国家能源集团公司年度社会责任报告编制要求与社会责任指标体系有关信息和数据披露要求，每两年组织编写并发布一次社会责任报告。在社会责任报告发布年，公司组建社会责任报告编写委员会，编委会成员涉及 22 个单位和部门，编委会根据年度社会责任重点工作开展情况，参照国务院国有资产监督管理委员会《关于中央企业履行社会责任的指导意见》、中国社会科学院经济学部企业社会责任研究中心《中国企业社会责任报告编写指南（CASS-CSR4.0）》等文件，在确保社会责任报告信息披露的完整性和全面性的同时，充分结合自身特点与需求，以紧扣重点、抓住特点、彰显亮点为目标，拟定年度社会责任报告编写提纲。编委会成员按照编写提纲从生产、经营、管理、党建、技术等多角度收集材料来展现公司社会责任履行情况。在完成社会责任报告的内容撰写之后，公司本着"专业的事要交给专业的人做"的原则，通过招标采购选择专业的服务机构来完成社会责任报告的构图、排版、创意设计与印刷工作，确保社会责任报告整体风格庄重大气、体现企业特色、具备艺术感，在能够吸引读者的同时具备较高的可读性。公司在社会责任报告发布年，每年投入 20 余万元，印制社会责任报告 1500 余册，以中国煤炭工业协会组织的煤炭行业企业社会责任报告发布会为平台，面向社会公众、利益相关方、新闻媒体进行发布，现该报告已成为公司加强利益相关方沟通、传播社会责任理念、完善企业管理模式的重要工具。

六、神东：稳供稳价责任如山，争创一流初心不改

20 世纪 80 年代，在陕北蒙南毛乌素沙漠边缘乌兰木伦河畔，伴随着党的改革开放历史性决策，我国能源战略重点西移，国能神东煤炭集团有限责任公司（以下简称"神东"或"公司"）应运而生。公司建立 30 多年来，坚持把社会责任融入企业改革发展实践，融入企业发展战略实施，坚定不移地把安全发展放在第一位，全力

以赴保障能源供应，始终坚持改革创新，全力打造绿色美丽神东，不断深化地企共建共融共享，精心打造了神东特色的责任品牌，做到了人与人、人与自然、人与社会间的和谐相处；实现了由劳动密集型向技术密集型转变，由高危行业向本质安全型转变，由经验管理向精益管理型转变，由粗放开发向资源节约型转变，由环境治理向清洁绿色型转变。

（一）责任实践

神东坚持把社会责任融入企业安全生产、改革创新、企地共建等发展实践，以担当责任增添发展动力，坚定不移走出一条独具特色的社会责任履行之路。

1. 将安全发展作为首要责任，促进煤炭行业整体形象提升

作为国有煤炭企业，神东坚决贯彻落实习近平总书记关于安全生产重要论述，深入贯彻落实党和国家安全生产方针，始终保持对广大矿工生命安全负责任的使命感和责任感，坚持"无人则安、零事故生产"安全理念，坚持生命至上、安全为天，以风险预控为主线，强化安全责任落实和不断夯实安全生产根基，树立煤炭行业的典型示范。

健全完善安全责任体系。坚持"党政同责、一岗双责、失职追责"，建立健全了"自上而下、对号入座、职责明晰、覆盖全员"的责任体系；强化安全管理协同机制，建立反"三违"常态机制，夯实了安全现场管理；深入开展安全生产专项整治三年行动，全面排查、整治现场风险和隐患，从根本上提高了矿井安全生产能力。

实施风险预控管理。神东始终将风险预控管理作为安全管理的

主线，建立了完善的安全风险分级管控工作制度、安全风险辨识评估制度、安全风险警示报告制度，深入开展系统、设备故障、岗位、区域安全风险评估，制定 10 项安全风险常态化管控举措、认定 235 项高风险作业情形，不断提升了风险预控管理水平。

严格现场安全监管。组织开展煤矿隐蔽致灾因素普查治理，建立重大灾害"一矿一策""一矿一清单"。实行安全监察、现场检查、管理审计三条线并行，形成动态、定期、专项相结合，日常、月度、季度检查为一体，全方位、立体式的监管网络。建立业务部门、二级单位、区队、班组、岗位"五级纵向"隐患排查治理体系，突出业务保安部门、领导跟班带班和步行检查，努力实现党建保安统领安全发展、业务保安筑牢安全防线、科技保安破解安全难题、制度保安夯实安全责任、文化保安增强安全意识、执行保安确保安全生产。

2. 将实现良好的经济效益作为重要责任，保障国家能源安全供应

神东以保障国家能源安全为己任，围绕煤炭生产主责主业，坚持精干高效的企业运营模式，精细组织生产，精到打造品牌，精准配置资源，实现生产高效率、产品高质量、经营高效益，持续培育和创造企业高质量发展的竞争优势，确保国有资产保值增值。

精细组织生产。2021 年，神东坚决扛起增产保供政治责任，克服接续紧张、一线缺员、价格倒挂等多重不利因素影响，科学组织、精准调度、深挖潜力，实现了自产煤生产、外购煤采购、洗选加工、装车外运的高效协同，圆满完成春节、全国"两会"、迎峰度夏度冬、建党 100 周年、四季度取暖增量等关键时期的保供任务。春节期间员工保障煤炭稳定供应场面如图 5-10 所示。

图 5-10　春节期间万名员工就地轮休保障煤炭稳定供应

　　精到打造品牌。围绕打造一流煤炭品牌形象，坚持以市场为导向、以质量效益为中心，坚持煤质源头管理，突出现场煤质管控，不断优化洗选工艺，及时升级产品结构，确保了神东煤品牌和环保煤品质，如图 5-11 所示。充分发挥公司煤质管理专业化的管理优势、技术优势和协同效应，合理配置资源，优化产品升级，保证了品种煤增量增效。

　　精准配置资源。作为国家能源集团煤炭板块的骨干企业，神东始终以集团利益最大化为己任，以"增产增效、提质增效、降本增效"为抓手，将工资总额增幅与同期利润增幅、成本降幅挂钩，完全成本同口径比预算降幅 8.7%，2021 年全公司实现利润 374 亿元，是集团唯一利润贡献超 350 亿元的子公司。落实 10 个方面 62 条降本增效措施，增收节支 30.32 亿元。持续开展全面定额量化管理改革，突出业绩贡献，鼓励多劳多得，广大员工干事创业热情有效激发，全员劳动生产率达到 229 万元/人，人工成本利润率 291%，名列行业前茅。

193

图 5-11　神东精细管理确保环保煤品质

3. 将绿色发展作为重大责任，促进生产、生态、生活共融

神东矿区属于毛乌素沙漠与黄土高原过渡地带，开发初期生态环境十分脆弱，干旱少雨，地下水资源缺乏，只有全国平均水平的3.9%，风蚀区面积达70%以上，植被覆盖率仅为3%~11%，是全国水土流失重点监督区与治理区。面对资源开采与脆弱生态环境之间的矛盾，神东坚持"山水林田湖草沙是生命共同体"的原则，将绿色发展纳入公司总体发展战略规划，形成了集决策、职能管理、专业化运行为一体的环境管理体系。

秉承"产环保煤炭、建生态矿区"的理念，坚持开发与治理并重，牢牢把握"采前、采中、采后"各时期的生态修复与治理，提升区域整体生产生态功能，探索构建了采前防治、采中控制、采后营造和外围防护圈、周边常绿圈、中心美化圈的"三期三圈"生态环境防治模式，不断带动煤炭行业绿色升级。创新形成神东生态环境技术，累计获得生态环境类国家科技进步二等奖 4 项、省部级科技进步奖 6 项；先后获得"第三届中华环境奖""社会责任绿色环保奖""能源绿色成就奖""社会责任特别贡献奖"。累计投入生态环境治理资金 61 亿元，累计实施生态治理与建设 473 平方千米，构建了山水林田湖草的生态空间结构，植被覆盖率由 3%提高到 64%以上。2021 年，公司深入贯彻"黄河流域生态保护和高质量发展"重大国家战略，启动了"神东先行示范区"创建工作，成立了煤炭开采和生态保护协同创新工作室，初步建成 3 个践行习近平生态文明思想示范基地。2021 年投入生态环保资金 4.66 亿元，实施神东生态示范基地、塌陷区治理、燃煤锅炉改造和废水治理改造项目 113 项，治理面积 89 平方千米。如图 5-12 所示。

图 5-12 哈拉沟煤矿国家水土保持生态文明工程

坚持"绿水青山就是金山银山"的原则，摒弃"先污染后治理"的传统做法，所有矿井全面配套建设了环保水保设施，13 矿（14 井）全部建成绿色矿山，其中 7 矿（8 井）入选国家绿色矿山名录。坚持"源头减少、过程控制、末端利用"理念，加大"三废"综合治理与利用，矿井水实现全面达标治理与充分利用，煤矸石实现源头减量化与末端资源化；煤尘与烟尘实现全过程防控与全面达标治理，荒地与采煤沉陷土地被复垦治理为林地与耕地资源。如图 5-13 所示。

图 5-13　国家级绿色矿山补连塔煤矿

坚定不移地推动能源消费革命，全面落实国家节能低碳发展战略，在天然煤质好的基础上，大力实施煤炭清洁生产，狠抓结构、技术、管理三大措施，着力降低煤炭生产能耗，原煤生产综合能耗 2.52 千克标准煤/吨，入洗原煤电耗 2.23 度/吨，均低于国家先进值标准。原煤 100% 入洗，开发出特低灰、神优 2、精块 4 等 70 多种清洁优质商品煤种，减少了污染物随产品外运，为社会提供了清洁煤炭。

4. 将创新发展作为内在责任，有效带动煤炭行业技术体系升级

神东瞄准煤炭行业发展主攻方向，深入推进创新驱动发展战略，广泛借鉴、集成各行业先进的技术与工艺，开展煤炭开采核心技术攻关，逐步形成了行业领先的技术优势，支撑了现代化矿区安全、

高效、绿色、智能发展，持续提升了企业竞争力和发展能力。建成世界首个8.8米超大采高工作面，首套纯水介质系统液压支架工业试验成功并投入使用。如图5-14、图5-15所示。

图5-14　世界首个8.8米智能超大采高综采工作面

图5-15　榆家梁煤矿矿工地面操作国内首个智能化薄煤层综采工作面生产

推进国产化高端装备制造。支持国产技术，支持民族企业，公司先后与20多个国内煤机装备制造企业，联合研制液压支架、刮板运输机、采煤机、锚杆机和给料破碎机等采掘设备 1026 台/套、国产零部件 53870 种，带动国内煤炭生产企业全面应用国产化装备，加速了国内装备制造行业的高端化和国际化进程。

坚持"矿鸿"赋能煤矿智能化建设。神东与华为煤矿军团强强联合，成立协同创新中心，成功举办鸿蒙工业领域首次商业发布会，"矿鸿"系统成功适配井下 20 种设备 398 个应用单元，开创了第一代国产工业级控制系统的新纪元。累计建成 22 个智能综采工作面、15 个智能掘进工作面，投用 21 类 153 台井下机器人，主运系统固定岗位减员 380 人。13 个矿井实现了 5G 技术应用，上湾矿试点"5G+电动车+无人驾驶"技术。自主研发 2 亿吨智能矿井群一体化生产管控平台，建成全时全融合生产数据仓库，存储数据 2.4 万亿条。

5. 将增进员工福祉作为基本责任，构建和谐有序、良性互动的内部发展环境

神东把维护职工合法权益、精准帮扶困难职工、增加员工福祉、丰富职工生活作为基本责任，努力构建和谐企业。紧紧依靠员工办企业，坚持并不断完善以职代会为基本形式的民主管理制度，及时研究并解答职工代表提案和建议，组织职代会团组长审议、表决涉及职工切实利益等事宜，保障职工的知情权、参与权、表达权、监督权。根据贫困职工家庭的实际情况，按照逐级帮扶和"造血"帮扶优先的原则，从经济帮扶、物质帮扶、就业创业帮扶三个方面对贫困职工进行精准帮扶和及时救助，同时公司建立困难职工帮扶基金，累计发放各类救助金、助学金，减免各类费用达 5616.96 万元，帮扶困难职工 19642 人次。开展全员健康体检，完善员工医疗、养

老、工伤等社会保障体系。扎实推进"吃住行"民生工程，积极开展文化惠民行动，不断满足职工群众对美好生活的向往。

6. 将促进社会和谐作为应尽之责，构建和谐地企关系

集中建设 19 个移民新村，改善了当地群众生活条件。建成国家级矿山应急救援队伍，累计出警救援 3587 次，挽回经济损失 17.78 亿元，受到省（区）市县各级政府及社会各界的高度评价，如图 5-16 所示。神东坚持"地企共建、利益共享、和谐发展"，积极投入资金支持地方公路、学校、供电通信等基础设施建设，扶持地方企业和农牧民发展特色产业，吸纳解决当地农牧民富余劳动力和大中专毕业生，在企业发展的同时，带动和促进了区域相关产业发展，为地方经济社会发展作出积极贡献。

图 5-16　神东国家矿山救援队参与地方煤矿事故救援

7. 积极捐资助力抗疫和助学工作

公司向湖北省红十字会捐赠 5000 万元，向广大党员捐款 115 万元助力国家疫情防控。积极向企业所在地捐赠医用口罩、防护服、

慰问品等防疫物资，并动员各级党组织、团组织开展"抗疫情，献爱心"活动，同心战"疫"。每年开展爱心包裹捐赠及贫困学生慰问等活动，常态化开展助困助学青年志愿活动。

（二）责任报告

神东从 2012 年开始，每年坚持编制企业年度社会责任报告，按时参加中国煤炭工业协会组织的煤炭行业企业社会责任报告发布会，充分展示了公司履行社会责任取得的各项工作成效，彰显了中央企业的责任形象，连续 9 次被评为"社会责任报告优秀发布企业"。神东 2012~2019 年社会责任报告封面如图 5-17 所示。

图 5-17　神东 2012~2019 年社会责任报告封面

（三）报告管理

神东煤炭集团高度重视社会责任管理工作，认真贯彻落实国资委、地方政府和国家能源集团关于社会责任管理的工作部署和要求，建立健全"决策—管理—执行"三级联动的社会责任管理沟通协调机制，公司决策层面成立了社会责任工作领导小组，组长由公司主要领导担任，公司分管领导任副组长，负责制定公司社会责任战略及决策，指导开展社会责任实践。管理层面由公司综合办公室对全公司社会责任管理工作实施归口管理，编制指标体系与报告；公司机关部门和管理职能单位结合职责制定年度社会责任工作重点和工作计划，指导基层单位执行落实。执行层面由各基层单位根据自身中心工作，明确社会责任工作涉及的分管领导、归口管理科室，执行公司社会责任工作计划。

公司按照国家能源集团公司年度社会责任报告编制要求与社会责任指标体系有关信息和数据披露要求，每年组织编写并发布社会责任报告。在社会责任报告发布年，公司会组建社会责任报告编写委员会，由公司综合办公室统筹，编委会成员涉及 17 个部门和 50 个基层单位，根据公司年度社会责任重点工作开展情况，参照国务院国有资产监督管理委员会《关于中央企业履行社会责任的指导意见》、中国社会科学院经济学部企业社会责任研究中心《中国企业社会责任报告编写指南（CASS-CSR4.0）》等文件，充分结合企业发展实际和特点，涵盖公司生产、经营、管理、党建、创新等各方面，全面、立体展现公司社会责任履行情况。

2021 年，公司首次引入国内一流社会责任管理机构——中星责任云（北京）管理顾问有限公司，参与编制了公司 2020 年度社会责任报告，责任报告的构图、排版、创意设计与印刷水平得到明显提高，不仅体现了企业特色、具备艺术感，而且有效吸引了读者，具备较高的可读性。

七、徐矿集团：聚焦"五个责任"，展现徐矿担当

徐州矿务集团有限公司（以下简称"徐矿集团"）是具有 140 年煤炭开采历史的特大型省属能源集团，1970 年以前隶属于原国家煤炭部，后来为保障江苏能源供应划归江苏省政府管理，1998 年经省政府批准改制为国有独资公司，是江苏省政府授权的国有资产投资主体，产业涉及煤炭、电力、煤化工、矿业工程、煤矿装备、能源服务外包等，位列全球煤炭企业综合竞争力 30 强、全球能源企业综合竞争力 500 强、中国大企业 500 强，先后荣获全国"五一劳动奖状"、全国精神文明建设工作先进单位、全国学习型组织标兵单位、全国煤矿安全质量标准化公司、中国优秀企业文化奖、全国煤炭工业安全生产先进单位、全国煤炭工业科技创新先进单位、全国国有重点企业管理标杆企业等称号。

（一）责任实践

徐矿集团以强烈的责任担当和真挚的为民情怀，统筹做好企业改革发展和履行社会责任工作，参照国内外社会责任相关指南与规范，结合发展现状与利益相关方期望，以社会责任相关指引和标准为基础，结合管理层、行业专家、员工和其他利益相关方的建议，考虑国家、社会和行业普遍关注的热点，识别社会责任议题，建立了涵盖安全、发展、民生、公益、环保等指标的社会责任指标体系，在安全生产、可持续发展、员工福祉、社会公益、环境保护等方面

积极展现徐矿担当。在制定发展战略、实施重大决策时，注重分析对社会和环境的影响，识别、跟踪可能存在的风险和隐患，将社会责任理念全面融入战略愿景、发展规划和经营管理中，实现社会责任与公司发展全方位全过程融合。

1. 坚持"生命至上"理念，强化安全责任，不断夯实安全发展基础

深入学习贯彻习近平总书记关于安全生产重要论述，认真履行安全生产主体责任，以高度的政治自觉把安全发展放在高于一切、重于一切、先于一切的位置，创新推行"意识+责任+标准化"安全管理体系，企业本质安全能力不断提升，在江苏省内连续五年实现了安全生产。

（1）提升"三种意识"，将安全意识强化到位。通过中心组学习、安全教育、全员安全生产承诺、安全宣誓等提升全员安全政治、安全思想、安全行动"三种意识"，形成"人人讲安全、人人抓安全、人人保安全"的思想共识。一是提升安全政治意识。以习近平总书记安全生产重要论述、重要指示批示精神作为安全工作的总指引，把习近平总书记关于安全生产重要论述精神纳入党委中心组学习的重要内容，把安全管理新体系落实作为领导干部履职的重点事项，切实将安全作为企业最大的政治、最大的民生、最大的发展，从牢固树立"四个意识"、坚定"四个自信"、坚决做到"两个维护"的政治高度扎实抓好安全生产工作。二是提升安全思想意识。充分运用和发挥宣传平台作用，开展形式多样的安全主题宣传，《徐州矿工报》开设了安全360、安全纵横、安全副刊等安全专栏，"徐矿传媒"微信公众号定期发布安全生产相关知识；围绕"安全为了

谁，安全要靠谁，安全如何抓"开展安全管理大讨论、安全知识竞赛活动，持续开展事故案例警示教育、典型"三违"公开追查、安全宣誓，坚持每日班组安全教育、每周区队安全学习、每月单位安全大课，筑牢安全思想根基。三是提升安全行动意识。领导干部分线包保，定期开展安全生产"走访转"、驻点调研指导活动，真正察民情、汇民智、解民忧、聚民力；坚持全员安全生产承诺，推行基层单位领导班子定期向集团公司安全生产述职，定期开展职工代表安全视察、青年安全监督岗、党员身边"三无"及先锋示范岗活动，落实群众监督员、联保互保等制度。

（2）压实"三种责任"，将安全责任落实到位。不断健全完善安全生产垂直管理，压实分级管理、全员岗位、考核评价"三种责任"，做到责任履行、安全投入、安全培训、安全管理、应急救援五个到位。一是压实分级管理责任。建立了集团公司、职能部门（区域分公司、专业化公司）和生产单位三级垂直管理体系，各职能部门（区域分公司、专业化公司）按照管理范围行使安全管理职责，对各自分管领域承担安全管理责任，严格执行重大安全生产问题现场研会商解决机制，确保在安全可靠、技术可行、经济可行的情况下组织生产。二是压实全员岗位责任。各单位主要负责人是安全生产第一责任人，确保单位在生产、建设过程中遵守国家有关安全生产的法律、法规、规章、标准和技术规范；技术负责人是安全生产技术管理第一人，定期主持召开安全技术例会，研究解决生产过程中的重大安全技术问题；安全副职领导负责做好安全风险辨识防控和隐患排查治理，监督安全措施落实，依规调查考核问责；班组长是区队班组安全生产第一责任人；各岗位员工落实岗位行为规范，履行自我保安责任。三是压实考核评价责任。坚持全员安全目标考评，推行员工安全逐月递进奖励，科级及以下员工按照四个季度分别以 400 元、500 元、600 元和 700 元为基数，进行安全目标奖励兑现；对照安全生产责任清单，严格进行安全目标考核，并将考核结果纳入绩效管理，建立安全生产绩效与履职评定、职务晋升、奖励惩处挂钩制度。集团党委、纪委成立督察组开展安全生产专项整治巡查、督察，对整治工作不认真、问题整改不力的人员从严问责考核。

（3）健全"三种体系"，将安全标准管理到位。不断健全岗位规范等安全管理标准，深化风险评估、重大灾害和难题专家技术论证会诊等科技保安标准，完善实训基地建设、常态化开展技能竞赛等素质提升标准，将安全生产标准化记在心上、扛在肩上、落实在行动上。一是健全安全管理体系。对照标准化管理体系要求，完善各专业规划设计、规程措施、设备设施、施工质量、工序流程等执行和考核等工程质量标准体系；编制下发《徐矿集团技术管理体系》（2020 版），完善煤矿技术管理制度体系；印发《关于进一步强化安全监察管理的通知》，进一步强化安全监管体系；制定并完善岗位员工安全操作规程，明确岗位上岗条件、安全规定、操作准备、操作顺序、收尾工作、安全注意事项。二是健全科技保安体系。依托博士后科研工作站、国能深井安全开采及灾害防治重点实验室、江苏省深部开采综合技术研究工程中心、碳中和工程研究中心、研究生工作站、企业技术中心等创新平台，对重大灾害和难题领导牵总研究、专家进行技术论证和会诊，积极开展科技攻关和技术创新，2020 年获全煤行业科技进步一等奖、2021 年两项成果获一等奖。三是健全素质提升体系。强化安全培训、技能培训、素质培训、学历培训"四项培训"机制,实施乌金匠心、乌金青苗计划、乌金英才培训计划、乌金匠人培养计划等行动,助推集团公司产业工人全员素质提升;积极推进安全培训网络化、智能化,在"网络+"的基础上,建立完成 MR 机电岗位技能培训平台和 VR 警示教育系统,整体实现培训智能化、模拟化、互动教学。

2. 坚持能源服务主业,强化发展责任,布局"六大基地"提升保供能力

作为资源枯竭型企业,面对产业接续、人员安置、环境治理"三大难题",坚定不移贯彻新发展理念,确立"一体两翼"总路径、构造"六大基地"总布局,形成稳定的保供能力,为保障江苏能源安全奠定了坚实基础。

(1)聚焦主业发展,变"关井走人"为"基地再造"。主动到国内煤电大基地、"一带一路"沿线布局,建设"蒙电送苏"、"陕电送苏"、"晋焦入苏"、新疆煤电化、"一带一路"能源服务、江苏省内清洁能源"六大基地",2017 年以来新增煤炭产能 1110 万吨,新增装机容量 432 万千瓦。在内蒙古,乌拉盖 2×100 万千瓦机组项目落地建设,填补了我国百万级褐煤发电机组空白。在新疆,建成年产 850 万吨的新疆最大井工煤矿——天山矿业公司,如图 5-18 所示。在陕西,建成中国煤炭工业首个第四代矿井——年产 500 万吨的郭家河煤业公司。在山西,组建焦炭采购联合体,年焦炭入苏量达 200 万吨以上。在江苏,射阳港单台百万电力机组项目正式开工建设。在"一带一路"沿线,建设运营了孟加拉国历史上第一座也是目前唯一一座现代化井工煤矿,如图 5-19 所示。5000 多名孟加

拉人因煤矿开采获得就业岗位，10000 多名周边村民、手工业者及多家生活用品商店、小商品市场、菜市场、小学校从中受益，有力促进了当地经济社会发展。特别是在疫情防控期间，在孟加拉国工人无法到岗、人员紧缺的情况下，徐矿集团职工坚持组织生产，保障了孟加拉国能源供应，得到了孟方的高度认可，2021 年顺利达成了 3.86 亿美元的第四期合同签订意向。

图 5-18　建成新疆最大的井工煤矿——天山矿业公司俄霍布拉克煤矿

图 5-19　建设运营孟加拉国第一座现代化井工煤矿——巴拉普库利亚煤矿

（2）聚焦创业发展，变"人员包袱"为"创效财富"。"十三五"期间，徐矿集团主动向矿井所在省区上报关井计划 16 对，共计退出产能 1412 万吨/年；停建缓建矿井 6 对，涉及产能 900 万吨；主动核减产能 55 万吨，全面完成了去产能各项目标任务。2018 年以来，积极巩固"三去一降一补"成果，对下属三河尖煤矿和秦源煤业公司实行关井闭坑，化解产能 320 万吨。面对"矿关了，人怎么办"这一全行业难题，徐矿集团坚持"以人为本、和谐关闭"原则，没有把职工作为包袱推向社会，而是作为资源积极开发使用，依托自身过硬的技术、人才和品牌优势，开拓服务外包产业化发展路径，在矿井技术管理、电力运维、物业服务、矿业工程、应急救援等领域，开展技术输出、管理输出、劳务输出，提供综合能源服务，实现了走向"一带一路"6 个国家和国内 8 个富煤省区，拥有服务外包项目 20 多个，1 万多名职工奋战在新疆天山南北、陕甘渭水河畔、内蒙古天边草原、海外孟加拉湾，推动企业由单纯能源供应商向能源综合服务商迈进，培育形成了徐矿集团高质量发展走在全国行业前列的独特优势。

（3）聚焦协同发展，变"存量资产"为"宝贵财产"。把盘活存量资产作为重要责任，成立资产开发管理机构，全面摸清所有存量资产，实行归口规范管理。抢抓徐州建设淮海经济区中心城市机遇，全面加强与徐州市委市政府及区县的协同合作，共同开发盘活矿区土地、采煤塌陷地、铁路、电网、房产等存量资源，发展生态文化、特色小镇和现代物流、煤矿机械、光伏新能源等项目及矿区增量配电售电业务，协同做好资源枯竭地区经济转型大文章。引入复星医药集团、泰康保险集团等民营企业战略投资，合作建成江苏省第一家企业混合所有制三级甲等综合医院，有效盘活了过去亏损严重的医疗资产，创新区域内医院所有制形式，开创了全国老国有企业办医院体制改革的先河。利用 222 千米区域电网资源开展配售电业务，用户数量、售电收入双列江苏售电公司首位。利用庞庄煤矿原工业广场，建成了淮海经济区规模最大、等级最高的大数据中心。盘活闲置 10 余年的原韩桥煤矿工业广场，成功引进"一汽大众汽车物流园"。梳理集团存量资源，优先利用置换有难度的土地和现阶段无法开发的煤矿塌陷区、变电所、办公楼屋顶等资源，建设集中式地面光伏项目和分布式光伏项目，同时布局新型储能电站。

3. 坚持融入地方发展，强化公共责任，在"命运共同"中实现企地协同

坚持融入地方、服务地方、发展地方、贡献地方，把产业发展同履行公共责任深度融合，落实"守土有责、守土负责、守土尽责"要求，携手企业所在地打造协同发展命运共同体，实现共建共享、共荣共赢。

（1）特殊时期勇于担当。新冠肺炎疫情期间，选派 3 批 29 名医护人员奔赴武汉等防疫一线，抽调 27 名医护人员配合地方开展疫情检测 4 万余人次，如图 5-20 所示。不计成本做好保煤、保电、保气、保大数据、保医疗"五保"工作，累计对外捐款捐物 1341 万元，减免中小企业租金 2934 余万元。2021 年能源保供期间，徐矿集团多次召开党委会、专题会、协调会，部署安排能源保供工作，不计成本、不惧困难、不讲条件，千方百计抓好增产增供和保供应、保民生、保安全"两增三保"工作，通过省内煤矿增产增供、省外煤矿直调直供、煤炭贸易调进保供、电力企业稳发满发等多种举措保障省内"用煤""用电""用气"。徐州本部张双楼煤矿主动调整产品结构，停止生产利润较高的精煤，所有产煤全部供应电厂，全

力保供给"保民生";集团所属华美热电、徐矿电厂不计成本、不惧困难、不讲条件,坚持能发尽发、应发尽发、稳发满发。2021年第四季度向江苏省内增加供应煤炭300万吨,电力企业开足马力保电保暖保气,在能源保供中展现了徐矿人的硬核担当。

图 5-20 第一时间派出 29 名医疗人员支援武汉和徐州市疫情防控,
树立起了国企良好社会形象

（2）产业投资真金白银。紧跟国家战略和产业政策,争做西部大开发和"产业援疆"的忠实拥护者、坚定探索者、积极实践者。在新疆,煤炭年产能超 1600 万吨,电力权益装机容量 1060 兆瓦,累计向地方供应煤炭近亿吨、发电 300 亿千瓦时,上缴税费 40 亿元,带动就业 3000 多人,保障了南疆地区 70%民生用煤和全部动力煤、北疆地区四地五市冬季用煤。在陕甘,累计投资约 100 亿元,上缴税费 50 余亿元,带动就业 5000 余人。在孟加拉国,输出我国煤炭行业标准、技术、管理,雇佣当地民工 1100 多名,为该国培养了第一代煤矿产业工人。在内蒙古,开工建设乌拉盖 2×1000 兆瓦电厂项目，估算总投资 75 亿元，投产后预计年发电量 110 亿千瓦，产值 30 亿元，实现利税 5 亿元，带动当地就业 2000 人，有效推动地区经济产业链发展。

（3）协同地方企地共赢。全面落实《关于组织开展"万企联万村　共走振兴路"行动的实施意见》，坚持以市场导向、合作共赢、优势互补为原则，下属张双楼煤矿、华美建投集团等 7 家基层单位分别与地方村镇开展联建工作，2020 年 10 月以来，累计投入资金 144 万元。下属阿克苏热电公司承担全市供暖面积的 70%，自筹资金 2.1 亿元实施脱硫、脱硝、电除尘等环保工程；下属天山矿业公司低于市场价销售电煤，让利南疆地区近 5 亿元，每年为地方提供"访惠聚"扶贫煤 2000 吨以上；下属郭家河煤业公司 2017 年以来上缴税费近 15 亿元，年纳税额占麟游县财政收入的 60% 以上；下属天山矿业公司与周边维吾尔村庄实施结亲帮扶，捐助基础设施建设 200 万元；下属夏阔坦矿业公司每年开展"民族团结一家亲"活动，资助困难职工 50 万元。

4. 坚持"以人民为中心"，强化民生责任，让全体徐矿人都能过上好日子

坚持以职工为中心，视企业为家、职工为家人，积极建设家园、温馨对待家人、主动改善家境，以"三三民生"作为增进职工福祉的重要抓手，让发展成果更多更公平惠及全体职工，经过 5 年的努力，实现了家园更美丽、家人更幸福、家境更殷实，用于民生改善支出超过 30 亿元。

（1）对"三大民生"深耕细作。实施底线、基本、质量"三大民生"工程，让企业改革发展成果惠及更多职工，在保障和改善民

生中汇聚高质量发展正能量，建设职工生活美满的幸福企业。一是实施底线民生工程。提出"在建设新徐矿的新征程上，决不让一个徐矿人掉队"，设立 100 万元专项基金、200 万元产业工人互助基金，带领 70 户贫困户全部实现脱贫；倾情关注困难职工在就业、子女教育、就医、住房等方面的困难，坚持雪中送炭，纾难解困，提升困难群体民生温度。在春节、中秋节等节日，按照 5000 元/户/次标准，慰问困难职工家庭。五年来，累计走访慰问职工和困难党员 1.8 万人次，发放慰问金 3300 万元。二是实施基本民生工程。坚定不移地将"为职工谋福祉，为企业谋发展"作为初心和使命，在抓好安全生产、经营创效的同时，全面恢复多项职工福利待遇，稳步提高职工收入待遇，常态化开展全员健康体检，实施棚户区改造工程和常态化金秋助学，出台系列举措，解决职工群众最关心、最直接、最现实的民生问题，保住了基本民生。三是实施质量民生工程。满足职工日益增长的对美好生活的向往，建设让职工幸福自豪、让社会羡慕向往的新徐矿。2017 年，投入资金 6 亿多元，恢复并大幅提升职工福利待遇，扩大疗休养范围和比例；2018~2019 年，组织 9 批 246 名劳模先进、21 家基层单位组织 65 期 1591 名优秀职工进行了疗休养。

（2）抓"三件大事"深得人心。办好涨工资、提待遇、美环境"三件大事"，五年来职工收入基本实现翻番，内退和放假职工工资实现同步增长。一是实实在在"涨工资"。把增加职工收入作为一项重要工作部署落实。2017 年职工收入恢复性增长 37.1%，2018 年增长 15%，2019 年增长 15%，2020 年增长 8%，2021 年增长 10%，工资水平处于全国同行业中上等水平。二是稳扎稳打"提待遇"。

制定实施了具有徐矿特色的《产业工人队伍建设改革十条》，全方位提高产业工人政治、经济、社会地位，"产改十条"的特色做法登上了《工人日报》头版头条。全集团生活场所实现无线网络全覆盖，异地单身职工宿舍配备洗衣机、电视机、健身器材、直饮水站等生活设施，极大地提高了基层职工，尤其是单身职工的生活质量。三是精雕细琢"美环境"。聚焦职工需求，关注企业环境建设，合理安排生产、生活、生态空间，走出一条内涵式、集约型、绿色化的高质量建设道路。近年来，大力改造棚户区、兴修新建道路，职工的生产生活环境得到切实改善；实施矿区美化、绿化、亮化工程，矿区绿化覆盖率达到46%。

5. 坚持"绿水青山就是金山银山"，强化环境责任，创出衰老矿区生态修复样本

把做好采煤塌陷地治理和生态环境修复作为国有企业的重要责任和实现高质量发展的重要契机，积极推进采煤塌陷区治理和生态修复实践，累计投入资金47.9亿元，治理采煤塌陷地22.4万亩，将采煤迹地变成了"绿水青山""金山银山"。

（1）以"乡村振兴"为引领实施压煤村庄搬迁安置。矿地双方携手推进采煤塌陷区实施"乡村振兴"战略，加快压煤村庄搬迁和治理进程，努力构建科学合理的新型矿镇村一体化空间格局。将压煤村庄搬迁纳入地方城镇化和新农村建设，因地制宜，统筹规划，集约用地，统一建房，既降低了搬迁成本，又改善了村民居住条件，搬迁安置后的村庄成为社会主义新农村建设的样板。一是易地整体搬迁。根据矿井开采规划，确定搬迁村庄年度计划，提前函告当地政府，并会同有关镇（乡）、村在不压覆资源、不做二次搬迁和有

利生产、方便生活的前提下，选好新址，商定搬迁补偿协议，以综合承包的方式实施，按照工程节点拨付资金，保证压煤村庄搬迁工作的顺利实施。二是原拆原建抗变形房屋。原拆原建抗变形搬迁最早由徐矿集团试点实施。20世纪90年代，徐矿集团庞庄煤矿开采影响拾西村，由于村民不愿意离开原址地，而村庄压覆的宝贵煤炭资源又需要采出，为此，矿地双方与资质部门认真分析、研究，对将要开采受影响的地表进行各种变形预计，对应回填标高、地基处理、增加抗变形上下圈梁等。实践证明，此搬迁模式非常成功，该项课题获得了国家科学技术进步奖，此后，原址抗变形搬迁在全国范围内广泛推广应用。三是货币化补偿安置。按现行政策标准计算人均搬迁补偿费用，一次性支付给搬迁村民自行购买住房。

（2）以"保护耕地"为宗旨实施沉陷土地综合治理。认真践行"保护耕地"要求，通过充填（预）复垦、综合整治、挖深垫浅、疏水减损等措施，因地制宜，尽可能恢复土地原有地貌和功能。对已塌陷的土地，利用煤矸石深埋充填复垦治理成农田；对高潜水位的中度塌陷区，采取"挖深垫浅法"，通过挖鱼池筑台田，形成上粮下渔生产格局；在一定的沉陷区域内，利用疏水减损工程保证沉陷的土地正常耕种；对采煤沉陷轻微的土地按照高标准农田进行综合整治，大大提高了耕地质量。沛县鹿楼镇沙河林场二分场果园位于徐矿集团张双楼煤矿井田范围内，自1960年开始栽植，主要果树品种有酥梨、苹果、桃，目前全部处于盛果期。受张双楼矿开采影响，2015年开始沉陷，目前基本稳沉，该区域最大下沉量达2.3米，塌陷面积2290亩，其中果园地面积1780亩。近两年投入700多万元，通过实施三期疏水减损工程建设，保证了其中

680 亩果树正常生长，减少果农和企业损失 2010 万元。

（3）以生态修复为导向推进沉陷区生态文明建设。坚持政府为主导，企业协同配合，塌陷地治理与生态修复相结合，分类改造利用，打造生态修复示范区。先后综合运用多种技术高标准修复采煤塌陷地，结合区域土地规划，分类改造利用，因地制宜，宜水则水，宜养则养，宜景则景。区位优势明显的，开发成景观园林或湿地公园，如图 5-21 所示；没有区位优势的，或开发成水源涵养区，或搞水面养殖，或建光伏发电等。配合地方政府相继建成潘安湖、九里湖、安国湿地等一批国家级湿地风景区。潘安湖国家湿地公园年接待游客 600 万人次，带动地方综合旅游收入达 160 亿元；安国湿地公园项目被列入南水北调东线治污节点工程，有效解决了当地 40 万亩农田灌溉的问题，实现了资源再生、生态再造。

图 5-21　利用徐矿集团旗山矿、原权台矿采煤塌陷地建设的潘安湖湿地公园

（二）责任报告

徐矿集团始终牢记"把企业效益实现好、把职工利益维护好、把社会责任履行好"的企业使命，着力建设让上级放心、职工满意、社会认可的发展能力强、治理能力强、创新能力强、为民能力强、政治能力强的"五强"新徐矿，通过发布社会责任报告等形式，向社会各界分享公司在社会责任方面的实践与绩效，增强信任与合作，共同推动公司和社会经济的可持续发展。2021年编制了第一份社会责任报告，共40页，约8000字，于2021年5月12日在2021年煤炭行业企业社会责任报告发布会上进行了发布，荣获"全国煤炭工业社会责任报告优秀企业"称号；2022年，继续编制年度社会责任报告，并在2022年煤炭行业企业社会责任报告发布会上进行发布。

（三）报告管理

徐矿集团重视承担社会责任，在追求企业高质量发展的同时，始终注重履行经济、社会和环境等方面责任，集团公司主要领导统筹协调社会责任工作、决策重大事项，党政办公室归口管理、负责日常工作和编制社会责任报告，机关各部门、基层各单位具体履行安全生产、深化改革、科技创新、生态治理、民生福祉等专责，构建了较为完善的社会责任工作体系。

徐矿集团以强烈的责任担当和真挚的为民情怀，统筹做好企业改革发展和履行社会责任工作，参照国内外社会责任相关指南与规范，结合自身发展现状与利益相关方期望，以社会责任相关指引和标准为基础，结合管理层、行业专家、员工和其他利益相关方的建议，考虑国家、社会和行业普遍关注的热点，识别社会责任议题，建立了涵盖安全、发展、民生、公益、环保等指标的社会责任指标体系，在安全生产、可持续发展、员工福祉、社会公益、环境保护等方面积极展现徐矿担当。在制定发展战略、实施重大决策时，注重分析对社会和环境的影响，识别、跟踪可能存在的风险和隐患，将社会责任理念全面融入战略愿景、发展规划和经营管理中，实现社会责任与公司发展全方位全过程融合。

八、郑煤机：锚定未来，携手再启程

郑州煤矿机械集团股份有限公司（以下简称郑煤机）认真贯彻国企改革"双百行动"工作要求，实行地方国资混改，优化治理结构，加强技术与管理创新，不断推动企业高质量、可持续发展。公司密切关注股东、员工、供应商、客户、社区等利益相关方的需求，在企业主责主业、践行绿色发展、保障员工权益、参与社区发展等实践中砥砺前行，责任发展。未来，郑煤机将拥抱煤矿智能化开采行业机会，持续研发推广煤矿综采智能化工作面技术、汽车节能减排及轻量化相关技术，创新技术研发机制，完善研发平台，努力发展成为具有国际影响力的高端智能装备产业集团。

（一）责任实践

郑煤机始终肩负国有企业的使命与担当，将自身发展融入国之所需、民之所盼，以"成为具有国际影响力的高端智能装备产业集团"为愿景、"让中国品牌叫响世界"为使命，砥砺奋斗，争当新征程上高质量、可持续发展的践行者。

1. 持续推进国企改革、产业转型升级、数字化建设

（1）推进混合所有制改革。2021 年 2 月，完成原控股股东河南机械装备投资集团有限责任公司转让郑煤机 16% 股份给泓羿投资管理（河南）合伙企业（有限合伙）。郑煤机最新股权结构如图 5-22所示。此次混改进一步优化了郑煤机股权结构，形成了更加市场化的治理结构，有利于推动更好适应国际竞争，激发企业活力，增强发展动力。

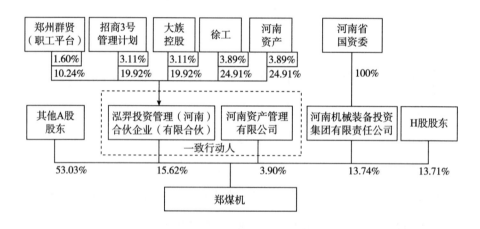

图 5-22　郑煤机最新股权结构

（2）推动产业转型升级。公司依托全球 28 个生产销售基地和研发中心，通过研发投入、战略联盟、资本运作等多种方式，持续推动业务转型变革。煤机板块深入探索智慧矿山业务发展机会，加快"成套化、智能化、国际化、社会化"四化战略落地实施，如图 5-23 所示。汽车零部件板块全面向节能减排、新能源转型，持续加强内部多板块、多业务的互联互通、协同共享。

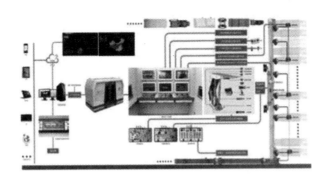

图 5-23　ZMOS 智采系统

（3）推进数字化工厂建设。煤机板块聚焦从产品设计到服务的
全流程智能管理，投资建设结构件数字化示范工厂，如图 5-24 所
示，实现企业生产管理体系全面互联、数据信息实时传导分析、人
机智能交互优化流程等数字化新需求。汽车零部件板块积极向"智
能、数字、绿色、高端"转型，目前亚新科正在建设世界一流的智
能化汽车零部件制造示范基地，如图 5-25 所示，推进数字化、智能
化生产线建设。

图 5-24　煤机板块结构件数字化示范工厂项目

图 5-25 汽车零部件板块制造示范基地项目

2. 始终坚持诚信经营，为客户提供高质量的产品和高水平的服务

（1）专注产品质量。贯彻"高标准、精细化、零缺陷"的质量理念，严格遵守《中华人民共和国产品质量法》、*Product Safety Act* 等法律法规，采取多种措施确保产品质量。2021 年，郑煤机荣获机械工业质量诚信企业、优质品牌产品、质量品牌领军人物、优质质量品牌工作者及领军企业等称号，获得 ISO 9001、IAFT 16949 质量体系认证。

（2）提供满意服务。不断深耕服务质量，持续完善成套化的服务体系，打造周期化服务管理，全面保护客户隐私安全，持续提升客户服务体验，郑煤机服务团队共计服务矿区 264 批次，人均服务矿区 33 个，下井指导安装 59 批次。

（3）加强供应商管理。将"安全供应、及时供应、经济供应"作为工作目标，全力保证供应链各环节稳定，为公司各个项目稳定发展铺好基石。继续推进电子化招投标平台应用，将可持续发展理念融入日常供应商管理，明确遵守环保法律法规和标准要求，积极采购环保材料，持续改进供应商考核、资质审核等重要环节，携手供应商实现共同可持续发展。截至 2021 年，主要供应商数量 4161 个，如图 5-26 所示。

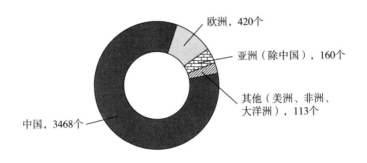

欧洲，420个

亚洲（除中国），160个

其他（美洲、非洲、大洋洲），113个

中国，3468个

图 5-26　按地理区域划分的供应商数量

3. 积极保障员工基本权益和提供竞争力薪酬，营造和谐开放的工作环境

（1）维护劳工权益。全球各业务板块严格遵循当地劳动法律法规，并相应制定《员工手册》《员工招聘与录用管理办法》等制度。煤机板块和亚新科严格遵守《中华人民共和国劳动法》《中华人民共和国社会保险法》等法律规定，坚持平等雇佣，禁止雇佣童工及强制劳动，与员工签订劳动合同，并为其缴纳医疗、工伤、生育等社会保险。SEG 在薪酬和解雇、招聘和晋升、工作时间、平等机会、反歧视及其他福利方面也严格遵守 General Information Equal Treatment Act（AGG）等法律法规。

（2）提供员工关怀。坚持以员工为本，积极与员工沟通，关注员工提出的诉求，集众力帮扶困难员工。开展丰富多样的体育娱乐活动平衡员工的工作与生活，营造健康、愉悦、向上的工作氛围，提升员工的归属感和幸福感。设立职工医疗互助基金和特困职工救助基金，帮助解决员工困难。2021 年，在郑州特大暴雨灾害后组织员工捐款，积极帮扶因灾造成家庭困难的员工 17 人，帮扶金额达 7.7 万元。

（3）健全职业发展体系。建立较为完善的职业发展体系，针对不同岗位制定职业发展路径及培训计划，打造促进个人与公司共同成长的职业发展平台。制定《薪酬管理制度》，建立较为科学的绩效考核和评价体系。实施全方位人才培养计划，搭建形成一个门类齐全、结构合理、素质优良的人才队伍，从而有力地支持公司的改革和发展，加快公司的国际化创新进程。制定《员工培训管理办法》，组建了一支经验丰富的内部培训师队伍，形成了分层次、分类别、多渠道、多形式、重实效、充满活力、全员参与的教育培训格局。

（4）关注安全与健康。将员工的安全与健康放在首位，制定了《安全生产作业环境检查制度》《员工安全健康管理制度》等规章制度，建立起较为完善的职业健康安全管理体系。中国境内的主要附属公司及境外 SEG 分别通过了 OHSAS 18001、ISO 45001 职业安全健康管理体系认证。

4. 营造珍惜资源的企业文化，提高环保意识，积极参与和实践环保承诺

公司十分重视环境保护工作，以"推动绿色发展，促进人与自然和谐共生"为宗旨，各业务板块建立了完善的环境管理体系，并通过了 ISO 14001 环境管理体系认证。制定了《环境保护管理制度》《污染防治设施运行管理及监测制度》《环境污染事故应急预案》等制度。要求供应商及合作伙伴必须遵循经营所在地的法律法规和环保要求，在生产过程中遵循环保理念。继续投入大量资金用于节能

减排，注重资源循环利用，达到降本增效的目的。注重以创新能力赋能环保事业，寻求技术突破以革新排放物预处理方法，实现创新与环保齐头并进。2021年，各种废气、废弃物共减排23吨，水资源循环率约92%。

5. 积极投身公益事业，回报社会，造福百姓

（1）引领创新创业。响应国家关于老工业基地振兴的相关政策，于2020年着手芝麻街1958双创园厂房改造项目，把工业老厂房改造成开放式的景观节点、铁路主题公园、主题博物馆等公共场所，丰富了市民文娱生活。2021年，芝麻街1958双创园作为全国大众创业万众创新活动周举办地（见图5-27），举办了"金融科技融合、助力企业发展"银企对接活动、"汇聚英才、筑梦中原"优秀人才招聘会和以"绿色发展""双创丰富生活""生命科学"为主题的双创系列成果展等主题活动。通过着力打造创新平台、培育创新企业、聚合创新人才，构建富有竞争力的创新创业生态，助力地区经济高质量发展。

图5-27　2021年全国大众创业万众创新活动

（2）助力防汛救灾。2021年7月，郑州遭遇了一场历史罕见的特大暴雨灾害，各附属公司在集团公司的部署下，严格落实郑州市防汛救灾工作的各项要求，构筑畅通的信息沟通渠道，积极做好防汛工作，保障员工和设备安全。通过向重灾地区捐赠物资和向郑州经济技术开发区慈善总会捐款100万元，助力灾后重建工作。

（3）开展助学帮扶活动。面向中国矿业大学应届毕业生设立"郑煤机栋梁奖学金"；亚新科面向员工设立"李克平奖学基金"，已累计为171名员工子女上学提供资助。

（4）参与志愿者活动。鼓励员工积极参与各类志愿活动，组织员工前往敬老院、儿童福利院等地开展一系列的慰问送温暖活动。2021年，亚新科员工已连续11年开展组织慰问中溪镇敬老院活动，为老人带去水果和食品，向敬老院捐助2万元；同年8月，来到真州镇大市社区、阳光社区慰问执行防疫任务的社区工作人员和防疫志愿者，给工作人员和志愿者送去牛奶、方便面、面包、纯净水等慰问品。

（二）责任报告

1. 报告概览

郑煤机自上市以来，严格遵守中国证监会、上海证券交易所、香港联合交易所监管要求，主动发布年度社会责任/ESG报告，全面客观地披露公司治理、环境责任、社会责任等各方面情况。截至目前，共发布10份年度社会责任报告，荣获"全国煤炭工业社会责任报告发布优秀企业"称号。2021年，按照香港联交所新版《环境、社会及管治报告指引》要求编制报告。郑煤机社会责任/ESG报告使用简体中文、繁体中文和英文三种文字分别在上交所和联交所发布。

郑煤机根据时代特点和社会责任发展趋势，不断调整丰富报告形式和内容。《郑煤机社会责任/ESG 报告2021》以不同于往年的版式，图文并茂，极大提高了报告的可读性。报告分别从公司致辞和介绍、管理方法、专题活动、市场责任、员工责任、环境责任、社区责任七大方面19个部分展现企业可持续发展及负责任形象，有效回应了各方的利益关切和期望。

2. 报告投入

郑煤机社会责任/ESG 报告由公司证券主管部门牵头，组织有关部门、咨询机构和律师等共同参与完成。其中公司负责提供报告所需基础材料，咨询机构负责协助公司梳理监管要求和指标体系，以及报告框架的搭建，律师负责最后的把关。参与报告编制人员38余人，其中公司28余人，咨询机构10余人。资金投入由招标采购结果确定。

（三）报告管理

1. 组织

郑煤机社会责任/ESG 报告由可持续发展委员会审阅，经董事会审批后发布。公司证券主管部门负责组织各方共同参与完成报告的编制及进行报告的发布。ESG 工作小组负责收集相关数据、梳理各项指标、整理汇总各项信息，并推动落实报告。各板块根据工作需要参与 ESG 管理工作。

2. 策划

郑煤机一般于每年11月底启动社会责任/ESG 报告编制工作，由证券主管部门牵头并统筹协调，在有关部门及子公司的全力配合下，共同完成报告的编制，于每年 3 月底进行发布披露。

3. 界定

郑煤机社会责任/ESG 报告按照上海证券交易所《上市公司环境信息披露指引》及香港联合交易所《环境、社会及管治报告指引》等文件要求进行编写。

在秉承缔造世界名牌的信念、不懈追求自身发展的同时，通过对公司内外部利益相关方进行沟通与调查，收集他们的期望与诉求，从对公司业务的影响及对利益相关方的影响两个维度出发，对本公司的社会责任议题进行了评分与排序，以反映企业对环境和社会的重大影响，并更好地回应。

4. 研究

鉴于目前全球资本市场对 ESG 报告的关注与重视，郑煤机结合企业实际情况，对标全球机械类行业评级最高的 ESG，通过研究分析，了解优秀企业的做法，不断完善公司 ESG 管理架构和制度体系建设，推动公司 ESG 管理。

5. 编写

郑煤机社会责任/ESG 报告编制一般分四个阶段：报告准备、报告撰写、设计优化和报告审核，历时约 4 个月完成，如表 5-4 所示。

表 5-4　社会责任/ESG 报告编制阶段

工作进度	工作名称	工作内容
第一阶段（4 周）	报告准备	监管要求梳理、数据指标编制、资料收集以及会议讨论等
第二阶段（8 周）	报告撰写	报告大纲的编制、审核和确定，报告初稿撰写、部门审核、修改完善、数据补充等
第三阶段（2 周）	设计优化	设计方案的确定、校对、优化、中文定稿翻译等
第四阶段（2 周）	报告审核	发布前的审核、数据核对、可持续发展委员会审阅、董事会审核、报告发布等

6. 总结

郑煤机社会责任/ESG 报告覆盖环境、社会和公司治理各个方面，为确保 ESG 管理目标的实现，建立由 ESG 工作小组、ESG 管理办公室、可持续发展委员会、董事会构成的 ESG 管理架构，明确各自的工作职责，确保有效运作。董事会全面监督 ESG 事宜；可持续发展委员会负责识别 ESG 风险，制定整体管治计划，进行目标和政策管理、绩效考核；ESG 管理办公室负责分解 ESG 职能、编制 ESG 报告、统筹内外部可持续发展工作；ESG 工作小组负责收集 ESG 相关数据、准备并汇总 ESG 报告待披露事项、梳理 ESG 指标、搭建目标实现方案、定期跟踪并监督 ESG 目标完成情况。

附　录

一、规范性引用文件

下列文件中的内容通过文中的规范性引用而构成本书必不可少的条款。其中，注日期的引用文件，仅该日期对应的版本适用于本书；不注日期的引用文件，其最新版本（包括所有的修改单）适用于本书。

（一）中华人民共和国相关法律、法规

[1]《中华人民共和国宪法》。

[2]《中华人民共和国公司法》。

[3]《中华人民共和国反不正当竞争法》。

[4]《中华人民共和国反垄断法》。

[5]《中华人民共和国产品质量法》。

[6]《中华人民共和国环境保护法》。

[7]《中华人民共和国安全生产法》。

［8］《中华人民共和国工会法》。

［9］《中华人民共和国劳动法》。

［10］《中华人民共和国职业病防治法》。

［11］《中华人民共和国妇女权益保障法》。

［12］《工伤保险条例》。

［13］《禁止使用童工规定》。

［14］《职工带薪年休假条例》。

［15］《关于禁止商业贿赂行为的暂行规定》。

（二）国内外社会责任指南和管理体系

［1］国际标准化组织（ISO）：《社会责任指南：ISO 26000》，2010年。

［2］全球持续发展标准委员会《GSSB》：《GRI 可持续发展报告标准》（GRI Standards），2018年。

［3］国家标准化管理委员会：《社会责任指南》（GB/T 36000-2015），2015年。

［4］中国工业经济联合会等：《中国工业企业及工业协会社会责任指南》（GSRI-CHINA 2.0），2010年。

［5］中国社会科学院经济学部企业社会责任研究中心：《中国企业社会责任报告指南基础框架》（CASS-CSR4.0），2018年。

［6］中国社会科学院经济学部企业社会责任研究中心：《中国企业社会责任报告编写指南之煤炭采选业》（CASS-CSR3.0），2014年。

［7］香港联合交易所：《环境、社会及管治报告指引》（ESG 报告指引），2012年。

（三）社会责任研究文件

［1］中国社会科学院经济学部企业社会责任研究中心：《中国企业社会责任报告评级标准2020》，2020年。

［2］中国社会科学院经济学部企业社会责任研究中心：《中国企业社会责任研究报告（2016—2020）》，社会科学文献出版社，2016—2020年。

［3］中国社会科学院经济学部企业社会责任研究中心：《中国企业社会责任报告白皮书（2016—2020）》，经济管理出版社，2016—2020年。

［4］中国社会科学院经济学部企业社会责任研究中心：《企业社会责任基础教材》，经济管理出版社2013年版。

［5］李伟阳、肖红军、邓若娟：《企业社会责任管理模型》，经济管理出版社2012年版。

［6］彭华岗等：《企业社会责任管理体系研究》，经济管理出版社2011年版。

［7］国家电网公司《企业社会责任指标体系研究》课题组：《企业社会责任指标体系研究》，2009年。

［8］殷格非、李伟阳：《如何编制企业社会责任报告》，2008年。

（四）企业社会责任报告

［1］《陕西煤业化工集团公司2020年企业社会责任报告》。

［2］《国家能源集团2020年社会责任报告》。

［3］《中国神华能源股份有限公司 2020ESG 报告》。

［4］《中煤能源 2020 年社会责任报告》。

［5］《兖州煤业股份有限公司 2020 年度社会责任报告》。

［6］《内蒙古伊泰煤炭股份有限公司 2020 年度社会责任报告》。

［7］《中国华电集团有限公司 2020 可持续发展报告》。

［8］《山西潞安环保能源开发股份有限公司 2020 企业社会责任报告》。

［9］《中国电信 2020 社会责任报告》。

［10］《华电煤业 2020 年度可持续发展报告》。

［11］《中国建材集团有限公司 2020 可持续发展报告》。

［12］《中国第一汽车集团有限公司 2020 可持续发展报告》。

二、术语和定义

1. 社会责任

企业在决策和经营活动中以透明和道德的行为方式，对利益相关方所应承担的责任。企业在履行社会责任的过程中，应考虑环境（Environmental）、社会（Social）和治理（Governance）因素，提升基础设施对经济、社会、环境可持续发展的促进作用。

2. 利益相关方

任何可能受到组织决策与活动的影响，或可能影响组织决策与活动的各利益个体或群体。

3. 社会责任风险

由企业决策和活动引起的可能导致或已经导致的对利益相关方

的不利影响。

4. 社会责任信息披露

企业就其决策和活动产生的经济、社会和环境影响所进行的系统性信息披露，包括企业履行社会责任的理念、行动、绩效和未来计划等内容。社会责任报告是企业披露社会责任信息的重要载体和工具。

5. 商业贿赂

企业为销售或者购买产品或服务而采用无对价或对价虚假地给付财物或者其他手段贿赂交易对方或者个人的行为。企业的员工采用商业贿赂手段为其销售或者购买产品和服务的行为属于企业的商业贿赂行为。

6. 安全生产

在社会生产活动中，通过人、机、物料、环境的和谐运作，使生产过程中潜在的各种事故风险和伤害因素始终处于有效控制状态，切实保护劳动者的生命安全和身体健康。

7. 供应链

为组织提供产品或服务的各项活动或各方所构成的序列。有时会被视为等同于价值链。

8. 集体协商

集体协商是指员工通过工会或代表，与组织或其代表就雇佣条款和条件进行协商的过程。

9. 尽职调查

为了避免和减小消极影响，在项目或组织活动的整个生命周期，针对组织决策和活动给社会、环境和经济带来的实际和潜在消极影响进行全面、积极识别的过程。

10. 职业健康与安全

影响或可能影响工作场所中员工、暂时性工作人员、供应商与承包方人员、参观者，以及其他人员的健康和安全的条件与因素。

11. 强迫劳动

以惩罚相威胁，强迫任何人从事的非本人自愿的一切劳动或服务。

12. 气候变化

气候变化是指气候平均值和气候离差值出现了统计意义上的显著变化，是人类不可持续发展模式的产物，只有在可持续发展的框架内加以统筹，才可能得到根本解决。

13. 生物多样性

生物多样性指所有来源的活的生物体间的变异性和多元性，这些来源主要包括陆地、海洋和其他水生生态系统及其所构成的生态综合体。生物多样性包括物种内、物种之间和生态系统的多样性。

参考文献

［1］范世乾：《公司社会责任理念的哲学和经济学基础》，《理论界》2008 年第 2 期。

［2］黄祎、龚洋冉、钱小军：《企业应如何识别与落实社会责任——一个实质性议题的两阶段分析方法》，《清华管理评论》2021 年第 5 期。

［3］吉海涛：《利益相关者视角下资源型企业社会责任研究》，辽宁大学硕士学位论文，2010 年。

［4］李洁：《煤炭企业社会责任绩效评价》，中国矿业大学硕士学位论文，2014 年。

［5］宋彦峰：《碳中和目标下减煤对煤炭产业利益相关方的影响及应对策略——以河南省为例》，《北方经济》2021 年第 8 期。

［6］王琦：《基于利益相关者理论的企业社会责任实现机制研究》，哈尔滨工业大学博士学位论文，2015 年。

［7］王雪、蒋常艳、黄青娜：《企业经营中的社会责任意识》，《内蒙古煤炭经济》2016 年第 21 期。

［8］王征：《全面社会责任管理：新的企业管理模式》，《财经界》2021 年第 29 期。

［9］项楠:《中瑞企业社会责任培训聚焦前沿议题》,《WTO 经济导刊》2015 年第 7 期。

［10］尹开国、刘小芹、陈思琴:《公司社会责任信息的特征及披露方式研究》,《会计之友》2012 年第 28 期。

［11］尹玥、谭旭红:《社会责任视域下的煤炭企业发展模式研究》,《煤炭经济研究》2020 年第 2 期。

［12］中国社会科学院经济学部企业社会责任研究中心:《企业社会责任基础教材》,经济管理出版社 2013 年版。

《煤炭行业社会责任指南》的出版得到了陕西煤业股份有限公司的大力支持。